学生体质健康
促进创新管理研究

姜俊 著

人民体育出版社

图书在版编目（CIP）数据

学生体质健康促进创新管理研究 / 姜俊著. -- 北京：人民体育出版社，2021（2024.10重印）
ISBN 978-7-5009-6067-6

Ⅰ.①学… Ⅱ.①姜… Ⅲ.①学生—身体素质—健康教育—研究 Ⅳ.①G807

中国版本图书馆CIP数据核字(2021)第159488号

*

人民体育出版社出版发行
北京建宏印刷有限公司印刷
新 华 书 店 经 销

*

787×960　16开本　13印张　230千字
2021年12月第1版　2024年10月第3次印刷

*

ISBN 978-7-5009-6067-6
定价：69.00元

社址：北京市东城区体育馆路8号（天坛公园东门）
电话：67151482（发行部）　　邮编：100061
传真：67151483　　　　　　　邮购：67118491
网址：www.psphpress.com

（购买本社图书，如遇有缺损页可与邮购部联系）

前　言

学生体质健康促进聚焦于国家的新生更替人口，是一项生生不息、只有进行时没有完成时的长期而艰巨的任务，也是一个针对社会动态不断调整的全方位、系统性的社会治理问题。2007 年，中共中央国务院印发的《关于加强青少年体育增强青少年体质的意见》（中发〔2007〕7 号）中提出要全面实施《国家学生体质健康标准》，把健康素质作为评价学生全面发展的重要指标，加快建立符合素质教育要求的考试评价制度，发挥其对增强青少年体质的积极导向作用。2014 年 7 月 7 日，教育部印发了《关于印发〈国家学生体质健康标准（2014 年修订）〉的通知》，使评价指标更加突出准确性和可操作性，并兼顾学生个体差异性与全面发展性。

当前对学生体质健康的理解不能只是停留在体质健康测试层面，应该更多地聚焦于测试之后的对学生体质健康数据的系统分析、后续干预与监控管理的有效链接。为积极贯彻国家方针政策，首先，本书对体质健康研究的对象、方法、基本标准及影响因素进行了系统化的论述，同时，建立研究学生体质测试的基本项目与框架；其次，对学生体质健康促进政策进行分析，对决策和促进计划进行研究；在此基础上建立了学生体质健康促进监测体系，对创新性学生体质健康促进管理机制、平台和模式进行分析；最后，对于学生体质的运动方法、运动保健和心理健康促进等内容进行分析。本书旨在对现行的学生体质健康促进管理进行研究，为学生体质健康促进提供科学有效的指导，为相关职能部门的决策提供理论参考依据。

本书特点突出，内容较为系统全面，理论阐述实效性较强，既符合当代教育改革的需要，又体现了学生的生活和运动中多方面的习惯，力求做到体质健康知识与科学健身相结合、积极贯彻《国家学生体质健康标准》内容与达标考核相结合的基本原则。

作者

2020 年 7 月

目 录

第一章　绪论 ··· 1
 第一节　研究背景 ··· 1
 第二节　研究目的及意义 ·· 3
 第三节　文献综述 ··· 5

第二章　学生体质健康概论 ··· 12
 第一节　体质概述 ··· 12
 第二节　影响体质健康的因素 ·· 15
 第三节　学生体质健康测试 ·· 27

第三章　学生体质健康促进政策与评价 ·························· 53
 第一节　学生体质健康促进政策 ·· 53
 第二节　学生体质健康促进决策与设计 ···························· 60
 第三节　学生体质健康促进反馈与评价 ···························· 69

第四章　学生体质健康监测体系 ······································ 74
 第一节　学生体质健康监测体系构建基础 ························ 74
 第二节　学生体质健康监测体系构建内容 ························ 78
 第三节　学生体质健康监测体系的运行机制 ···················· 84
 第四节　学生体质健康监测体系优化策略 ························ 86

第五章　学生体质健康促进管理创新 ······························ 89
 第一节　学生体质健康促进管理机制 ································ 89

第二节　学生体质健康促进管理平台创新 …………………… 101
  第三节　学生体质健康促进云管理模式创新 ………………… 113

第六章　学生体质健康促进运动处方 ……………………………… 122
  第一节　学生身体素质的运动处方 …………………………… 122
  第二节　学生体重运动处方 …………………………………… 127
  第三节　学生心肺功能运动处方 ……………………………… 130
  第四节　学生身体力量和耐力运动处方 ……………………… 134
  第五节　学生身体柔韧性运动处方 …………………………… 139

第七章　学生体质健康促进运动保健 ……………………………… 144
  第一节　体质健康促进运动实施的原则与方式 ……………… 144
  第二节　锻炼计划的制订 ……………………………………… 146
  第三节　运动性疲劳及其恢复 ………………………………… 155
  第四节　运动损伤及其医治 …………………………………… 159

第八章　学生心理健康促进 ………………………………………… 166
  第一节　青少年心理健康概述 ………………………………… 166
  第二节　大学生心理健康的状况及其影响因素 ……………… 182
  第三节　学生心理健康的促进与干预 ………………………… 191

参考文献 ……………………………………………………………… 196

第一章 绪论

第一节 研究背景

自1985年起,我国就开始涉及对青少年体质健康状况的调查,首次获得了全国范围内青少年体质健康状况的基础资料,填补了中国在该领域的空白,为学生体质健康调研制度的形成奠定了基础。然而,我国青少年学生体质健康水平持续下滑,这一严峻形势引起党和国家的高度重视,国务院办公厅把青少年体质健康问题提到国家战略高度并作出重要决策。2007年4月29日,由教育部、国家体育总局、共青团中央联合举办"全国亿万青少年学生阳光体育运动"并颁布了《国家学生体质健康标准》(以下简称《标准》),计划用三年左右时间,使全国85%以上的学校能全面实施《标准》,使85%以上的学生做到每天锻炼一小时,达到《标准》及格等级以上水平。同年5月7日,中共中央国务院印发《中共中央国务院关于加强青少年体育增强青少年体质的意见》(中发〔2007〕7号)(以下简称"中央7号文件"),旨在增强学生体质,增进学生身体健康水平。

2012年,教育部、国家体育总局等部门联合颁布的《关于进一步加强学校体育工作的若干意见》中提到在"十二五"期末,我国学生体质健康监测制度要更加完善,使各方责任更加明确。时隔两年,2014年4月28日,教育部印发关于《学生体质健康监测评价办法》,文件中指出,各地教育行政部门和有条件的学校要支持设立学生体质健康监测、研究和服务机构,逐渐构建及完善专业化的体质健康测试、服务和研究人员队伍,并依托第三方机构在全国范围内设立学生体质健康监测评价研究机构,开展学生体质健康监测评价的政策咨询、质量监督、人员培训等方面工作。2014年7月7日,教育部印发了《关于印发〈国家学生体质健康标准(2014年修订)〉的通知》(以下简称新《标准》),使评价指标更加突出准确性和可操作性,并兼顾学生个体差异性与全面发展性。

2016年3月,《中华人民共和国国民经济和社会发展第十三个五年规划纲要》提到:"要完善全国青少年体质健康监测体系。"使学生体质健康监测体系能够切实反映学生体质健康水平,进一步促进学生体质健康的改善。2016年6月,国务院印发《全民健身计划(2016—2020年)》(以下简称《计划》),提出要将青少年作为实施全民健身计划的重点人群,提高青少年身体素质,保证在校学生的体育场地和锻炼时间,把学生体质健康水平纳入工作考核体系,全面实施青少年体育活动促进计划。2016年10月,中共中央、国务院印发了《"健康中国2030"规划纲要》,指出要开展国民体质测试,完善体质健康监测体系,到2030年国家学生体质健康标准的优秀率要达到25%以上。

针对我国青少年体质健康存在的各种问题,我国政府高度关注并给予相应的政策支持。中华人民共和国成立以来,中共中央、国务院高度重视青少年健康问题,中央各部委相继出台了系列政策文件,对我国青少年体质健康状况改进发挥了非常重要的作用。长期以来,国家对青少年体质健康的关注始终聚焦于运动能力下降、肥胖增多和近视率飙升等核心问题,以教育、体育等公共政策为基础,积极推动中央和地方政府联合互动,相关政府部门密切合作,注重实地调研和成果发布,以客观务实的态度展示我国青少年体质健康工作的成效与问题。在一定程度上,青少年体质健康工作聚集了体育、健康、卫生和营养领域的政策、资金和项目,是我国政府工作的重心之一。

政府的持续工作,一定程度上扭转了青少年体质健康下降的趋势,但新形势下青少年体质健康依旧面临严峻挑战。鉴于青少年体质健康问题的严重性和持久性,各级各类涉及青少年体质健康的政策、提案、试验、呼吁和报道层出不穷,形成对青少年群体"未老先衰"这一社会热点问题的焦虑性关注。如想针对青少年体质健康的建议和对策获得更大范围的推广,需进入政策议程,进而形成公共政策,这对治理效果的提升具有重要意义。

国家政策为青少年体质健康促进提供了坚实依托。2015年,党的十八届五中全会提出建设"健康中国"的战略设想,是对我国健康服务政策的继承与发展,将对青少年体质健康发挥至关重要的作用。鉴于公共政策对健康实现的关键作用,西方国家在21世纪初就提出"健康寓于所有政策(Health in All Policies)"理念,推进各国政府部门和多元组织积极参与国民健康维护行为,凸显了公共政策对国民健康促进的重要性。青少年体质健康成因的复杂性,使得青少年体质健康政策成为"健康寓于所有政刺"的核心关注点,西方国家利用多元政策推进青少年体质健康促进工作。

为积极贯彻国家政策方针，学生体质健康测试工作在教育主管部门的统一部署下有序进行，目前学生体质监测站（教育主管部门负责）、点（各学校负责）设置到位，但美中不足的是各个监测点建设与管理并不科学完善，只有极少部分学校建立有"大学生体质测试中心"，且监控能力较薄弱，严重制约了学生体育工作的快速发展。因此，探索构建完善的学生体质监测体系具有重要的实践意义。

上述情况表明健全学生体质健康监测体系，促进学生身体健康水平的重要性。为此，在查阅大量与学生体质健康研究相关的文献资料后发现，学者们对学生体质健康监测的研究范围比较广泛，但更多的只是集中在学生体质健康状况调研、数据分析、测试中的问题和建议等方面，而针对学生体质健康监测的管理、运行、评价以及对学生体质健康监测体系构建的研究比较少，与学生体质健康研究的其他领域相比，关于学生体质健康监测体系的研究相对缺乏。在此背景下，本研究从我国青少年体质健康面临的现实问题出发，论证青少年体质健康治理模式的既有缺陷，揭示健康权缺失的内在原因，明确青少年体质健康政策协同的关键意义，选择对学生体质健康监测体系进行研究，以此推进学生体质测试常态化，真正实现督促学生坚持体育锻炼，增强健康水平的最终目标。

第二节 研究目的及意义

一、研究目的

本文旨在对现行的学生体质健康管理机制存在问题及不足剖析的基础上，从管理机制入手对其进行改革创新，提出构建政府机制和市场机制相结合的新型学生体质健康管理机制，为学生体质健康提供科学有效的指导，为政府职能部门的决策提供理论参考依据。

二、研究意义

（一）理论意义

虽然我国学生体质管理起步较晚，但近几年在体质健康研究方面取得了丰硕的研究成果，不过研究多集中于概念、操作方法和现状等方面，而对学生体质健康管理的研究还较少，同时，有关管理机制的研究成果非常丰富。因此，借鉴和引用管理学原理、新公共管理等其他学科理论，来探讨构建学生体质健康管理的新型机制，填补该理论方面的缺漏，具有一定的理论意义。

（二）现实意义

学生是祖国未来的中流砥柱，他们体质的强弱在一定程度上影响着国家社会、经济的发展。现如今，如何使学生体质止跌回升，促进其健康发展已经成为政府、学校迫在眉睫的重要课题。

我国学生体质健康水平已连续27年下降，在心肺功能、耐力素质等多个方面低于国家标准已是不争的事实，学生体质只降不增的局面非常严峻，与欧美发达国家相比，中国国民体能活动水平的下降，包括学生体能活动水平的下降，速度太快。研究显示，美国自1965年到2009年的44年期间，身体活动水平下降了32%，而中国自1991年到2009年，只用了18年，身体活动水平就下降了45%。再就我国现行教育制度时间年限来看，27年的时间跨度足以决定一代人的婚育情况，然而体质在身高、体重、近视等方面都具有一定的先天遗传性，如果学生体质健康水平连续下降的局面在将来得不到遏制和扭转，不仅影响这一代人体质健康，也有可能影响下一代人的体质健康状况。长此以往，不仅国家未来人才的健康体质状况堪忧，就连国家未来人才的孩子的体质状况都得不到保障。因此，改变学生体质持续下降局面，将政府机制与市场机制有机结合以构建和研究新型学生体质健康促进管理机制意义重大、迫在眉睫。

本书在广泛阅读文献的基础上，与学生体质测试的实践工作相结合，发现《标准》实施中仅包括学生体质健康测试和数据整理，是为了完成国家布置的面上工作，出现了"重测试、重数据，轻反馈、轻控制"的情况，从而导致国家政策力度逐年增大，学生体质却逐年下降的怪圈。本书试图对学生体质健康促进管理进行分析，构建新型学生体质健康管理机制，以期推动我国《标准》实施工作的进一步开展，提高学生体质健康管理的现代化、科学化水平。

第三节 文献综述

一、健康管理的相关研究

（一）健康管理的发展

健康管理由"健康"和"管理"两个词组成，了解"健康"与"管理"两个概念有助于我们对健康管理发展进行研究。1948年，世界卫生组织给"健康"下了一个定义，指出健康是由身体、心理和社会三者的和谐统一，而不单单指没有疾病。20世纪60年代的整体健康及安泰运动认为，"健康是相互作用的、动态的多维结构，由身体维度、理智维度、心灵维度、情绪维度、环境维度、社会维度和职业维度等组成"。1986年，世界卫生组织对健康进行了新的定义，"健康是每天生活的资源，并非生活的目的，健康是社会和个人的资源，是个人能力的体现"。1989年，世界卫生组织提出，"健康包含身体健康、心理健康、社会适应和道德健康"。因此，健康在当今社会可以通过预防和管理来实现。

美国最先提出了健康管理的概念，1929年，世界上第一个健康管理组织成立于美国的洛杉矶，当时为了提高付费会员的健康水平，提出了通过重视预防来降低疾病的发生率的全面的健康管理方式。艾鼎敦博士指出，"健康管理是对个人和群体的健康危险因素进行全面管理的过程，是为了提高社会的健康意识、改善群体的健康行为、提升个人生活水平等的有组织、有规划的系统化的过程"。2004年，拉里·S. 查普曼和肯尼思·R. 培勒提埃提出，健康管理是一种预防方法，这种预防方法具有规划性、组织性、成本性，具体来说就是通过新技术的应用来降低疾病的发生率，提升个人的健康状况和生产效率的活动过程。欧洲的亨特和布朗对健康管理定义的理解具有代表性，他们整理了截至2005年欧洲历史上关于健康管理的文献资料，并对它们进行了总结和归纳，指出健康管理的研究经历了以下四个阶段：第一，针对健康管理的保健计划和健康教育实施的效果。第二，对疾病被强化治疗后和精神疾病的管理进行评价。第三，提出了对健康素养的实践方法和测试方法。第四，对慢性疾病的预防以及对高危人群患疾病的预防。

我国对健康管理的研究虽然落后于欧美等国家，在近些年也作出了许多的贡献。我国最早关注健康管理研究的是苏太洋先生，他曾在《健康医学》中对健康管理进行了阐述：健康管理是一种有组织、有计划、科学的管理手段，它旨在通过科学的管理理论与方法对社会和个人的健康进行干预，以达到提升社会和个人的健康的目的。2005年，陈君石、李明提出了自己对健康管理的看法，并阐明："健康管理是对个人和群体的健康威胁因素进行整体管理的过程。"2006年，颜美琼认为"健康管理是运用管理学的理论和方法，在提高社会健康意识，改善疾病预防、临床诊疗、康复保健等应用医学的各个方面"。2007年，陈君石、黄建始提出，"健康管理是全方位监测、分析、评价个人或者群体的健康，而且对个人和群体给予健康指导和咨询，以及对健康危险威胁因素的防御与干预"。在中国，对健康管理的研究也出现过狭义与广义之分。狭义的健康管理研究的代表是王冘，他在2012年提出，健康管理是在健康体检结果上，建立健康档案，对健康的状况做出评价，并提出针对性的健康管理方案。健康管理研究的代表是吴小明、李安明，他们在2009年提出，广义的健康管理是通过对多个行业的资源进行吸收，建立一套完整、科学的健康服务系统。

总的来说，我国对健康管理的研究还需要进一步提升。健康管理的起步较晚，社会上的健康管理组织较少，群众对健康管理的意识不强，大多是在生病后才就医，没有很好的预防措施与管理健康的意识。现在的健康管理主要依赖于先进的技术支持和高效的网络管理，但是我国对健康管理的技术投资有待提升，健康管理的手段有待加强。

（二）健康管理的趋势

当今社会经济的发展是建立在社会群体的健康之上的，健康是经济发展的推动力之一，但也是消耗很严重的一种资源。同时经济的发展会带来各种社会问题，会对社会群体的健康造成一些安全隐患，所以对健康的管理需要当今社会高度关注与重视。当今社会的主要健康问题有如下几种。

第一，疾病的多样性。人们的生活水平随着经济水平的提高而有了很大的提升，从而改变了人们的生活方式。人们的生活节奏的加快、生活压力的增大、睡眠的不足、肥胖的增加等，都给人们的生活健康带来了极大的安全隐患，患病率增长。中国的疾病从传染病向慢性非传染病转变，如糖尿病、心脑血管疾病等"生活方式病"。北京健康保障协会2007年随机抽取了当地脑力工作者，发现这些脑力工作者的健康状况差的主要原因来自不良的生活方式，如工作压力的增加、睡眠的不足、饮食的不规律、经常处于坐姿、运动不足等。2007年的死亡率中，慢性疾病占的比重要高于非慢性疾病。其中，恶性肿瘤占死亡人数的24.55%。据统计得知，我国70%以上的死亡人数是非传染性疾病导致的，有些城市地区甚至达到了85%以上，由此可见非传染性疾病导致了人们的"早死"。生活方式病主要以预防为主，一般传统的医疗技术和药物是不能控制的。我们只能对个体和人群的健康危害因素进行管理，如增加人们的健康知识教育、提升人们的健康意识及自我保健意识、增强人们的运动意识。

第二，人口的老龄化。根据联合国的统计及推测，到2050年世界人口数将达到82.06亿，其中11.2亿是60岁以上的老年人，到21世纪世界将进入老龄化阶段，我国也是进入老龄化较早的国家。中国的老龄化将会带来很多的社会问题，包括社会的养老保障、医疗卫生保障、劳动力资源、年轻人生活压力增加，等等。这些由人口老龄化带来的现实问题，需要我们找到更为有效的解决办法，最主要的是对老年人健康的管理。

第三，学生的健康管理问题。学生是我国未来的栋梁，近年来他们的健康问题越来越受到重视，对学生的体质健康管理主要是针对学生的体质健康测试结果采取相应的措施。国家体育总局和教育部把"学生体质健康标准"解释为：是一种教育手段，主要是针对学生的体质健康教育，也是对学生个人的评价标准和顺利毕业的一个硬性条件。高鹏飞、白光斌、张嫣（2011）对我国的高校进行抽查发现，由于学校领导的重视程度不够和学校测试仪器的陈旧及不足而导致检测项目单一，检测结果的真实性有待考量，针对这样的现象，他们提出了很多建设性的意见来改善学生的健康管理，使《标准》的实施更加顺利。陈立冬（2014）对《标准》的实施现状进行了研究，并在前面几位学者的研究基础上提出，虽然《标准》是针对全国学生体质调研中出现的问题提出的合理标准，它的颁布与实施有助于发展并完善学生体质健康评价体系，但它的实施仍然存在很多问题，他针对实施中出现的问题提出了很多合理的建议，为我们以后正确地使用《标准》提供了参考意见。

二、国内外研究现状

（一）国外研究现状

美国长期以来都非常重视体适能测试，早在19世纪末就制定了国内的体适能测试办法,在 20 世纪初就开始采用不同的田径项目对体适能进行测试,并于 1908 年在全国公立学校进行推广,1945 年美国著名的生理学家 Cureton 提出体质 Fitness 三要素:①体格;②机体能力;③运动能力。1956 年,美国总统艾森豪威尔成立了青少年体质总统委员会,将学生的体质工作上升到国家领导人特别关注的层面,并要求他之后的每一任国家领导人都要将青少年体质问题作为工作重心。1988 年,AAHPERD 对"与身体健康相关的体适能测验"(Health – Related Physical Fitness Test)做了进一步的修改完善,并命名为"最佳身体测验"(Physical Best Test),把体适能测试划分成"与健康相关的体适能测验"和"与运动相关的体适能测验",体现了美国体适能测试的主要特点。现如今美国的"体质与运动委员会"(PCPFS)其前身就是"青少年体质总统委员会";其先后颁布的《青少年身体素质测验制度》《最佳健康计划》、"2000 年健康人"的十年规划等,目的都是倡导国民锻炼,提高国民体质水平。学生体质健康管理模式在美国经历了体育卫生模式先向健康教育模式再向健康促进模式转变的过程。现代健康管理起源于美国,美国政府对学生的健康十分关注。20 世纪 80 年代,综合性学校健康计划在美国出现,这标志着美国学校健康模式向健康促进模式的转变。美国学校为促进学生的体质健康水平,由一组感兴趣的工作人员在一起组成体格核心小组委员会,对学校和社区以及学生进行长期的策划和服务,作为内部规划委员会,需要定期召开会议找出有可能改进学生体质健康的实施策略,安排组织代表来负责学校里的监测工作,协助完成体质健康测试的实施、监测和评估活动。

日本政府对体力测试方面也非常重视,日本是世界上学生体质调研资料最全的国家之一,有明确的科研方向、严密的科研计划、多渠道的课题来源及专门的学术机构,并且非常重视学术交流和跨学科研究。日本政府先后发布了《关于增强国民体质健康的对策》《体育振兴法》《关于普及振兴体育的基本策略》《身体素质测验评分标准》《关于 21 世纪体育振兴策略》等,为国民体质的提高提供了法律保障和政策导向。日本依托体育协会每两年对本国国民体质健康状况进行监测,并将所测的数据经计算机整理后上报给政府予以公布;由文部省成立的"关于体力调查方法研究委员会"对体力测试标准进行调查研究,并于 1999 年制定和施行了新的体力测试标准。日本较为系统的体力测试制度和管理体系使大多数学校能在重视理论与实践相结合的基础上,促进学生身心健全发展,提升学生培养终身体育活动的热情。日本的体质监测开始得较早,数据较齐全,体质监测机制也较完善，有着较为科学的指标体系和评价指标，是世界上体质监测工作开展较好和数据资料较全的国家之一。

欧洲多国在评价学校体质教育开展情况方面，把体质健康状况作为其中的重要指标之一。尤其是成立了以"尤罗菲特"命名的委员会负责组织、协调各国学生体质测试工作、检查评比其评定结果、对各国的测试工作和评定结果提出建议等。1986年出台了统一的测试指南，采用统一的测试标准以便比较各国体质教育的效果，研究影响体质健康状况的社会、经济因素。欧洲各国一致认为体质健康在国家发展以及提高国民素质方面拥有重要的作用，多国政府都把体质健康置于国家战略的高度予以关注和重视。据统计，到1989年全世界已有80多个国家公布了"大众体育发展纲要"。欧洲健康管理相较于美国，虽然起步晚，但发展速度却非常快。如成立于1947年的保柏（BUPA）是英国顶尖的健康管理服务公司。多年来，由于其相对于公立的医疗体系具有更高的医护水平、更优的环境和较为合理的价格，吸引了大量的中产家庭、个人与企事业团体将它的健康管理计划作为第一选择。在欧洲所有的国家里面，芬兰的健康管理模式最有特点并走在前列，其特点就是以社区卫生服务为抓手，开展健康管理。芬兰在推进这种健康管理模式的过程中也遭遇了与美国差不多的问题，如经济、文化、卫生等不同的艰难险阻，但因其搭建了较为系统的研究框架、利用社区互动、采用多种方式干预、开展充分的国际合作，最终排除艰难险阻，将健康管理在全国上下铺开。不仅获得了公民的一致认可，而且取得了显著的效果，为世界各国开展健康管理提供了参考的案例。

综上所述，由于美国、日本和欧盟国家的社会、经济发展情况不一，不同国家质检对体质测试、健康管理也都有自己的特点，但多国对学生体质健康的关注程度都是极高的，尤其是在法规和标准出台方面，健康管理服务机构的发展，健康管理与体质测试结合开展以及学校方面的体质健康促进等先进经验都值得我国借鉴与学习。

（二）国内研究现状

虽然我国学生体质一直呈下降趋势，但我国各专家、学者对学生体质健康方面的热情却始终不减，在测试方法、评价标准、健康管理方面都有着丰硕的研究成果，为其他学者的后学研究提供了有力的参考。本研究主要就以下两个方面进行文献的整理和述评。

1. 学生体质健康管理方面的研究

罗奇（2011）对学生体质健康管理方面进行了较为全面的阐述，通过访谈调查构建了学生个性化体质健康模型的指标体系，还设计了学生健康管理的系统，最后研制了学生身体运动能量监测仪。这种理论和实践的应用研究内容较为充实，为后来其他学者在学生体质健康管理方面的研究奠定了基础，指明了方向。杜小安、朱斌（2010）就高校在实施国家《标准》时出现的"重测试、轻干预"等问题，构建了学生体质健康测试后续服务管理模式。该模式利用健康管理理论，在高校构建了平台，对学生进行监测与评估、健康咨询与指导、体质健康数据管理以及体质健康促进等工作。陈华胜（2013）利用ISO9000质量管理体系、PDCA闭环管理等管理学方法，对学生体质健康管理模式进行合理化构建，探讨制定了支持性政策环境、合理安排测试、监督、评价和建立健康管理平台等策略。吴宗喜、蔡晓波（2008）调查了为学生提供健康管理服务，论证了在高校建立健康管理体系的必要性，揭示了健康管理在高校的前景和应用价值。杨贵仁（2005）提出学生体质健康教育应改变以往的以学校为单一责任主体的形式，从而转变为政府、学校、家庭、社区和传媒多渠道互动参与的多样化责任主体，形成"以政府统一协调，其各责任主体各尽其能"的多元化主体结构体系。建立一套系统的法律法规，明确学生体质健康教育的责任主体、目标任务、制度、标准、计划、实施、调控、评估和奖励，在学生体质健康教育实施过程中做到有理有据、有章有法，保证这一结构体系的长期有效运行。孙彪（2009）认为健康管理应伴随人的一生，而健康管理必须要从青少年抓起，可通过教育来实现，提出了我国体育教育具备承载"健康教育"和"健康管理"的条件，从调查系统、评价系统、指导系统、干预系统等方面进行了阐述，但作者认为体育教育不应承载太多的压力和负担，不能稍有关联的都往里面收纳，而是要植根于体育教育的本质属性将教育做好，再谈健康等其他，不然只会失去重心，一事无成。冯爱民（2014）采用实验研究，从对照组和管理组的对比情况，验证了"学生健康管理模式"对学生体质的促进作用，为在其他学校推广学生健康管理提供了理论参考和实践依据。

2. 对学生体质健康监测与干预的研究

国内专家学者近些年普遍认识到学生体质健康下滑的严峻情况，加大了对学生体质健康干预的研究程度。陆秀云（2012）调查了上海市青少年学生体质健康监测的现状，针对目前存在的测评结果不干预、重结果而不强调后续服务等问题，提出上海市青少年健康监测管理模式的构建需要从学校、家庭和学生着手，加强三者之间的沟通与联系，共同促进和提高学生的体质健康水平。张宗国（2009）运用调查和实验相结合的手段，对影响学生体质测试的主客观因素进行了分析，比较测试顺序不同的影响，调查了测试对象的认知水平和对测试的态度，还对仪器、环境温度、时间因素、项目因素和其他因素等进行了分析。孙锋（2010）在对《标准》进行分析、研究、实施的基础上，开展了教学改革的实验研究，提出了将体质测试成绩与体育教学成绩综合评价的方法，建立了系统、客观的体育教学与考核评价方式。李国强等（2010）提出提升学生体质健康情况，首先，要有能够较早辨别出亚健康体质状态学生的系统、科学的体质测试标准体系；其次，辅以膳食营养结构调整、不良生活方式干预和有氧运动等方式的干预，最终达到提升体质，促进健康水平提高的目标。许良（2011）提出通过学校体育的手段对学生体质健康进行积极的干预，是当前学生体质健康促进的必要手段之一，加强学校体育开展力度、注重学校体育政策法规的引导功能、争取学校体育健康促进基础性的保障、培养学生运动技能和养成运动习惯、建立和完善学生运动伤害事故风险管理机制。

综上所述，各专家学者对此方面的研究较多集中在体质的现状如何、标准评价指标制定、标准实施中存在的问题和改进措施等方面，而对体质健康管理的体制、机制等研究比较少，对于跳出原有的体制框架，运用新公共管理理论，针对学生体质健康管理机制的研究较为少见。再者，与学生体质健康研究的其他领域相比，用健康管理等手段对学生体质健康监测、评估、服务方面的研究明显不足。因此，本研究探索构建政府机制与市场机制相结合的新型学生体质健康管理机制，具有一定的研究价值。

第二章 学生体质健康概论

第一节 体质概述

人们要想进行正常的生命活动，从事工作，就不能忽略体质这个最重要的物质基础。对体质这个名词进行较好的把握和认识，是我们了解体质的初级知识、进行良好的实践和研究的基础，也是指导人们了解体质、不断提高自身体质水平的最简单的方法。通常情况下，如果一个人拥有的体质水平较高，那么他的身体自然不会有什么较大问题，也就是说，身体较好，体质水平也不会太低。体质是一个人身体的标准，是指正常情况下不会有太大变化的一些形态、生理、动作等方面的特征，根据体质的数据，我们可以看出生命活动、运动水平的高低。现在研究体质的时候，大致围绕人类学、医学和体育学这三个方面，当然对于体质做出的解释也是稍微有区别的。

一、人类学对体质的定义

在人类学中，对于体质这个名词，目前还不存在比较确定的解释，但是仔细观察其相关的知识范围，在人类学中对体质下的定义，主要有人体的形态结构、机能、新陈代谢的表现，还包括心理方面、活动表现等方面知识。

二、现代医学对体质的定义

对于体质作出的解释，目前医学各学科中也都有较大的区别。

（一）骨病学

在骨病学中，体质就是指一个人身体各项数据的标准，也可以说是自身的质量，并且在每个人身上的表现没有太大变化。

（二）妇产科学

在妇产科学中，体质是人体自身所包括的不同的表现特点的概括，它不只牵涉形态学的表现特点，而且关系到生理学的表现特点。因此，体质的意思是人体自身在形态、生理和状态上的表现特点和实质。

（三）精神病学

在精神病学中，体质是指经过遗传这个基本过程之后，一个人在受到外界环境影响和在不断成长的过程中，综合表现出来的全部的身体精神情况和外在的形体表现。

三、中医学对体质的定义

在中医学领域，体质是一个关键的概念，现在主要有两个代表性的解释。

第一个，匡调元教授作出的解释。他是上海中医药大学的专业人员，对于体质，他的理解是：体质是很多人及多人中的一个人经过遗传这个最基本的过程，然后经过外部环境的作用，在一个人经历成长、发育和衰老这些阶段时产生的机能、框架和新陈代谢等一种比较固定的、特别的情况。而这些表现出来的状态对其容易感染某种病症有较大的决定作用，并且决定其病变发展的方向。

第二个，王琦教授作出的解释。他是《中国中医药报》报社的专业人士。他的解释是：体质是一个人的身体在生存阶段中，经历初步天生的遗传和后期作用的影响之下所具有的形态结构、生理机能以及精神状况等全面的、不会有太大变化的外在表现。

四、体育界对体质的定义

从体育角度来说，体质是体育界研究健康的独特视角。通过观察在不同阶段对于体质的标准，对体质下定义和制定测试标准的过程中都有保持相同的想法。目前，从体育、教育和卫生这三个角度来说，我国已经大致产生了同样的看法。在1982年我国体育学会下属的体质研究会组织从教育、医学、体育等领域请来了80多位专业人士，进行了有深度的讨论和研究，最终产生了共同的看法：体质是一个人身体各项数据的标准，经历初步天生的遗传和后期作用的影响之后所具有的形态结构、生理机能以及精神状况等全面的、不会有太大变化的外在表现。

五、体质所包含的范畴

①人体的成长状况：涉及外在的形态、姿势、身体营养指标等范围的情形。

②人体的活动能力：涉及人体自身的新陈代谢情况和不同器官的实际作用等内容。

③人体的质量和活动状况：涉及反应快慢、力气大小、持久性的力量、速度等实际水平。

④心理的成长状况：涉及脑力、感性、动作、对外界感知能力、独特的意志和想法等范围。

⑤承受水平：涉及对于外界复杂的自然和社会两种环境、突发紧急情况进行处理和承受的水平，对一些病症和影响人体健康的不利因素的抗拒水平等。

六、关于理想体质

（一）理想体质的概念

1988年7月19日至24日，中国体育科学学会体质研究会在旅顺召开了第二届全国范围性的体质研究讨论会，进行了学术性探讨。有30多位专家学者出席这次会议，他们分别来自体育、教育、卫生三个领域。在这场会议里，针对体质的初步定义及体质研究会关键的工作内容，专家和学者展开了有深度的探究和议论。通过深入、认真的研究之后，关于理想体质的定义和关键的标准值达成了相对统一的看法。他们的看法是：理想体质是人体质量较好的一种状态和指标，它经历过先天的最初遗传之后，又通过后期的良好发展，从而形成人体外在形态、生理作用、心理水平还有承受外界环境的较强的综合成长、较为优秀的状况和特点。

（二）理想体质的主要标志

①人体各项机能正常，关键的内部器官没有问题。

②外部姿态成长较为优秀，身体壮实，形态良好，姿势不存在歪扭现象。

③在心血管上不存在疾病，开展运动活动和呼吸时，身体的系统功能比较良好。

④在进行运动和从事较强的体力活动时，身体机能较为良好。

⑤在心理方面没有疾病，性格开朗，具有良好的意志力，对于干扰和其他刺激有良好的抵抗水平。

⑥处于自然和社会这两种环境里，能够承受各种状况的发生。

对于体质这个名词，在《体育科学词典》里的翻译是 physical fitness and health。只是从最浅显的层面来看，体质主要有两方面的理解，一是身体质量（physical fitness），二是人体承受水平以及普通的健康（health），仅仅看这两个意思，我们就会对健康在体质中的地位产生误解。在《现代汉英词典》中，对于体质这个名词的翻译是 physique/constitution。我们更加认同第二种翻译，对体质的客观性和稳定性方面，它表达得更为准确。

只是观察体质的简单定义，我们很轻易地就能发现，体质水平状况最基本的因素是遗传，在后期阶段对成长和进步有关键作用的是外部环境；体质状况更多强调的是人的解剖结构上的完整和生理功能强弱以及通过人的社会行为所表现出来的学生体质健康与科学锻炼能力与水平。在现实生活中，人们谈到体质的强弱，主要是指机体的生命质量，表现在身体发育程度、机体生理机能水平、运动素质与能力以及抵抗一般疾病的能力。

第二节 影响体质健康的因素

人体的形态结构、生理功能、身体素质、运动能力、心理发展以及对内外环境的适应能力是构成体质健康相互依存、相互影响、相互制约、不可分割的几大因素。身体形态结构是体质健康的外在表现，生理功能、身体素质、运动能力、心理发展是体质健康的物质基础，而对外界环境的适应则是这几个方面的综合反映。对体质进行研究，最后想要的结果是：提升体质水平。所以，我们不仅要掌握体质最简单的定义和范围，还要了解体质究竟受到哪些因素的影响。想要更深入地对体质进行研究，就要仔细分析和探究这些影响因素，这样才能更好地处理体质问题。

一、遗传与体质

遗传在影响体质健康的因素中处于最基础的地位，但是影响很大。从国内外研究中发现：遗传在形态方面占比达到75%，遗传还决定着人体75%~95%的氧气代谢和吸收能力，另外也影响着人体运动水平的高低。但是仔细研究影响体质的究竟是什么因素的时候，遗传对于后期人们的发育程度方面有什么作用还不十分确定，目前能够确定发挥很大作用的是后期人们所面对的各种环境因素。站在遗传学的角度上，人类的成长和发育会受到遗传和环境的双重影响，仅仅存在一部分性状是先天遗传决定的，后期不会因环境发生改变，剩余的大部分性状也要受到遗传的影响。在不断研究遗传以及环境这两个因素对于性状外部特点的作用所占比例的大小的过程中，一般也就是计算遗传度，通常用百分比来表示。

（一）形态指标特征的遗传度

从遗传学角度来看，人体形态被称作体表形状，遗传决定了它的大部分，后续会被很多方面因素影响，但遗传起决定性作用。但是在形态的各方面遗传度不一样，男女之间也不一样，如表2-1所示。

表2-1 主要体型特征的遗传度

指标	男	女	指标	男	女
身高	75%	92%	胸围	54%	55%
坐高	85%	85%	臀围	65%	60%
臂长	80%	87%	腿围	60%	65%
腿长	77%	92%	体重	68%	42%
足长	82%	82%	去脂体重	87%	78%
头宽	95%	76%	心脏形态	82%	82%
肩宽	77%	70%	肺面积	52%	52%
腰宽	79%	63%	胸廓形态	90%	90%
盆宽	75%	85%	膈肌形态	83%	83%
头围	90%	72%			

从表 2-1 中能够发现，男性在体型特征上受遗传因素影响较大的是坐高、头宽、头围、胸廓形态、去脂体重；女性在体型特征上受遗传因素影响较大的是身高、坐高、臂长、腿长、盆宽、心脏形态、胸廓形态、膈肌形态。在 19 项形态指标的遗传度中达到 80% 以上的，男性、女性各有 9 项。

（二）形态指标的遗传度

人们真实的运动能力究竟怎么样，一般情况下有一部分因素是生理方面的。但是生理指标的表现好坏一方面是我们在成长中各种外部环境因素的作用，另一方面遗传也起着很大的作用。生理指标和遗传的影响如表 2-2 所示。

表 2-2　生理指标的遗传度

指标	遗传度	指标	遗传度
安静心率	33%	神经系统功能	90%
最大心率	85.9%	月经初潮时间	90%
肺通气	73%	血型	100%
最大摄氧量	69%~93.6%	血压	42%

中枢神经系统的功能（神经过程的强度、灵活性、均衡性）是先天遗传的，后天很难改变。最大摄氧量直接关系到有氧耐力水平的高低，它的遗传度为 69%~93.6%，平均为 81.6%，后天影响只有 18.4%。最大心率遗传度高达 85.9%，后天改变只有 14.1%。这说明生理指标遗传度高，后天改造上均有困难。

（三）生化指标的遗传度

人体的生化过程与代谢特征，直接影响到人体生理机能和运动素质的好坏。生理学研究表明，人体生理代谢能力的高低与代谢特征的形成主要是由遗传决定。生化指标的遗传度见表 2-3。

表 2-3 生化指标的遗传度

指标	遗传度	指标	遗传度
CP，ATP 含量	67%~89%	血乳酸最大浓度	60%~81%
线粒体数量	70%~92%	乳酸脱氧酶的活性	65%~87%
肌红蛋白含量	60%~85%	红白肌纤维比例	80%
血红蛋白含量	81%~99%		

从生化指标的遗传度可以看出，先天遗传占主要地位。

（四）运动素质的遗传度

运动素质是指与运动效应直接相关的身体素质。运动素质的各种性状是受基因遗传控制的。在其形成和发展过程中不仅受到环境的影响，还与体育锻炼等因素有着直接的关系。运动素质指标的遗传度见表 2-4。

表 2-4 运动素质指标的遗传度

指标	遗传度	指标	遗传度
反应速度	75%	相对力量	64%
动作速度	50%	无氧耐力	85%
动作频率	30%	有氧耐力	70%
反应潜伏时	86%	柔韧性	70%
绝对力量	35%		

（五）智力与个性特征的遗传度

简单来说，智力是指人们对于人和事物具有的认知能力，它决定了一个人很多方面的行为和水平高低。个性特征是指一个人不同于他人所表现的所有特点。二者都和遗传存在很大关系，只要确定后就不会轻易发生变化。遗传在影响智力与个性特征方面上所占的比例又叫遗传度，智力的遗传度平均为 70% 左右，个性特征的遗传度各有不同，但大部分的比例高于智力，详细数据见表 2-5。

表 2-5　个性特征的遗传度

个性指标（G.O）	遗传度	个性指标（N.F.G）	遗传度
基本情绪	75%	运动速度 判断的果断性	93% 96%
活力	79%	对反抗的抵抗 柔顺性	95% 91%
思考能力	72%	运动冲动 好奇性	90% 87%
心理状态	60%	冲动协调 意志坚韧力	86% 83%
意志坚韧	77%	对矛盾的反应 运动制约	80% 65%

二、营养与体质

在探究营养和体质之间究竟存在什么关联时，很多学者的看法是，造成体质出现差别，很多是后天的因素如摄取的营养情况、成长环境、身体锻炼等造成的，而这些因素里，营养状况具有很重要的地位。生命体内的新陈代谢的整个过程决定着生命的延续、发展，进行各种生存活动、日常锻炼等。而营养充足对人体的正常发育起到关键作用，人体所有的外在表现特征、身体素质与营养的摄取量分不开，现在我国青少年身体素质水平明显比1950年之前提高，很显然是因为现在生活水平的提高，人们的营养摄取状况变得越来越好。适当的营养可以提高人们的健康水平，还能延长人们的寿命，只要是营养状况存在失调问题，就会对身体产生危害，导致疾病的发生。所以，营养状况的研究对于保障青少年体质健康、预防疾病意义十分重大。

很多调查研究证实，人体在长到2岁后，大脑中的神经细胞在数量上就完全形成了，不会再发生改变，然而从大小上说还在不断成长和改变。从这里我们可以得出一条关键信息，也就是婴儿阶段的营养对今后的成长有着至关重要的作用。人们通常摄入的营养元素包括蛋白质、维生素和一些微量元素，若是这些营养物质不充分，就会对大脑的成长产生不利影响。一方面会作用于神经细胞的数量和大小，另一方面作用于神经递质，对其形成造成阻碍，从而无法进行正常的神经传导。因为幼年的营养不足造成的大脑发育问题，实际上是对脑组织无法修复的终身伤害，它在很大程度上决定了儿童的智力发育，不但导致儿童智力水平低，而且严重阻碍其身体发育。现在人们有了更多的认识，也就越来越看重这些微量元素对于孩子的成长作用，如钙铁锌硒等不可缺少的物质，很大程度上影响了人体的健康发育。这些元素在人体内部发挥着重大作用，我们应该给予很大的关注。

（一）合理营养与生长发育

保持适当的营养摄取是促进身体健康的基本前提，营养充分在身体发育、体质水平提高方面起着关键作用，体质水平的高低离不开营养的摄取，并且营养的摄取也和一个国家或地区的经济状况和生存条件有很大关系。若是生存的条件不好，就会出现营养和成长水平的下降。例如，在"二战"期间，由于战争的破坏，世界上很多国家青少年的成长水平都出现了下降；我国在 1960 年前后，青少年的成长水平也有严重的下降现象，并且这一时期，人口数量的增长也减缓了。由此可以看出，营养的合理摄入关系着青少年的脑力发育，并且影响很大。

（二）合理营养与人体生理机能的调节

在人体内部存在着三大产热营养素，也就是我们经常提及的糖、脂肪和蛋白质，三者间互相影响，并且关系十分密切，但是表现最为突出的是糖和脂肪能够节约蛋白质，内环境的稳定和新陈代谢之间关系紧密，它们的完成都离不开神经和体液所具有的调节作用，蛋白质的多少和好坏对酶和激素的形成以及表现状态也具有直接的影响，在促进新陈代谢方面，维生素和无机盐发挥很大的作用。若是人体的热量满足不了机体生存标准的最小值，那么人体的内部运行质量都会由于营养摄入不充分而变低，情况危急时，会导致生病和死亡的出现。

（三）合理营养与疾病预防

营养与健康之间具有紧密的联系，适当地摄入营养，一方面可以起到促进健康的作用，另一方面也是一种预防疾病的重要办法。若是营养摄入不合理，不但会削弱人的体力，还易于患病，如营养摄入的分量不充分，就会出现营养缺乏病，就像人体若没有足够的维生素 A，很容易出现干眼病；摄入钙成分不足，很容易导致佝偻病。若是摄入的营养过多或是营养不均衡，如摄入太多热量，人体就很容易出现高血压、糖尿病等病症。除此之外，营养与癌症之间也存在着一定的联系，而且越来越被人们关注。经过流行病学的研究发现，人们的饮食爱好和结构在癌症种类的影响上十分明显，在欧洲的一些国家饮食主要是动物性食物，其常见的癌症就是前列腺癌、结肠癌等病症；而像亚非拉这些国家和地区的人，习惯吃的食物多是植物性的，他们出现的癌症就以消化道癌症为多。提到营养对癌症的作用，一部分人持有的观点是营养不充分会导致癌症的出现，长时间摄入的铁元素不足的贫血人群更容易患上食管癌；营养过剩也会增加患上癌症的概率，例如，人们摄入的脂肪量与肠癌以及乳腺癌的患病概率是正比例关系；除此之外，营养还会影响人体对外界的适应能力以及康复速度，营养较为充足合理的人，对外界的刺激就有更高的适应能力，进而加快康复速度。莱纳斯·波林斯，一位著名的营养学家，还曾是诺贝尔奖获得者，他说过这样一句话：营养保持得恰当合理，能够增加人20年寿命。

（四）合理营养与运动能力

经常进行体育运动，人体内部的各个系统和器官功能就会不断增强，当然也就更加健康。而对于学生而言，保持恰当的营养摄取更加关键。一方面有利于学生拥有更加健康的体魄，另一方面能促进学生运动成绩的提升。由于社会不断进步，经济水平不断提高，在运动员的生活质量方面，体育界加大了关注力度，制订了更加严格的计划，在比赛前，有一部分项目会要求运动员有更高的体重，有一部分项目要求体重保持在标准的范围内，可能需要"减肥"。但是，不管怎样要求体重，都有保持营养摄取充分的一致看法。运动员的身体素质和比赛成绩要想获得持续性提升，须多注重营养的合理摄入。随着现代社会的发展，在营养的摄取方面人们的关注度变得越来越高。

从科学的角度看，营养也广受关注，并且取得了一定的发展，被称作营养科学，它还被划分为几个具体的类别，如临床营养学、儿童营养学等多个学科。对于营养的重要性，人们也不断更新看法，关注营养和健康、疾病、遗传等多个因素的关联，注意到在很多方面，营养的要求各不相同。摄入的营养是不是具有合理性，在人的体质、成长、运动水平方面表现的作用力有着逐渐提升的可见性。人们也不断发现营养与运动的密切联系，如营养保证运动的完成，使人拥有更长的寿命。营养具有合理性是人们得到运动能力的前提，并且让人们拥有健康的身体、良好的发育。运动让人的各项能力都不断提升，与营养进行搭配，人体的健康一定更具有保障。

三、环境与体质

因为我国地域辽阔，所以不同的地域都保持着自然以及社会环境的差异性。在人口学和医学这两个学科里，实际的调查研究发现，在人们的身体素质、生存条件方面，自然和经济等多项因素起着至关重要的作用。这是由于人类的生存最基本的依靠就是自然和社会环境，并且在此基础上的地理因素、各种制度等也直接作用于人类身体的成长和身体素质。从1979年开始，我国就对青少年群体展开了体质调研，在之后很多次对于多类群体的体质进行实际调查，在地域上展开了比较分析，总结数据得出的信息是，南北方（这里的分界线是秦岭—淮河一线）的多项数据都是不一致的。由此可见，体质与环境关系紧密。

（一）自然环境与体质

自然环境不断变化的过程，就是机体的各种生理机能、形态特点不断改善适应的过程。由于各地所处地理位置的差异，所以不同的地理环境对人类体质的影响也不尽相同。我国国民体质研究报告表明，我国国民体质水平的地域分布明显，在31个省、直辖市、自治区（不包括港澳台地区）所处的地域分布上，不同地域人口的体质水平有较大的差异。

（二）体质与社会环境

人们的体质受到多方面因素的影响，其中包括经济状况、物质水平和社会制度，其作用不可忽视。在整个社会大环境下，由很多方面组成，其中有物质状况、营养水平、文化教育程度和医疗卫生条件等。而物质状况、营养水平、文化教育程度和医疗卫生条件均依赖于社会经济水平的发展。因此，社会经济环境对体质水平有较大的影响。

1. 社会经济因素与人类寿命的关系

人类寿命是衡量人类体质水平的一个重要的综合指标，因此，我们引用人类寿命的一些资料来探讨人类的体质与社会经济发展的关系，见表2-6。

表2-6 各历史时期人类寿命的情况

时期	平均寿命	时期	平均寿命
生铁和青铜器时期	18岁	19世纪	45岁
古罗马时代	29岁	1920年	55岁
文艺复兴时代	35岁	1935年	60岁
18世纪	36岁	1952年	68.5岁

从生铁和青铜器时期（距今3000~6000年）到古罗马时代（公元前5—4世纪）长达几千年中人类的物质文明还处于很低的水平。因此，平均寿命只提高了11岁。但从18世纪到20世纪50年代这100多年中，由于人类物质文明的飞跃发展，人类的平均寿命整整提高了32.5岁。由此可见，社会物质文明对人类的寿命和体质强弱起到了重要的制约作用。

2. 生活方式对体质的影响

人类世界发展至今，在生存环境上出现了显著的变化。从古老的农耕时代过渡到现在的工业化时代，人们的生活方式不断发生着改变。所谓生活方式，也就是人类在现有的实际生存条件下，自己选择的生存的条件和样式。生活方式密切关联着人们的身体素质，生活方式的改变表现在内容、范围、节奏等方面，并且都会对人们的健康产生影响，范围甚至波及整个社会。如果生活方式不健康，就会产生"生活方式病"。在经济发达的国家，他们对于主要类型的慢性病进行了研究，结果表明，很多慢性病出现的原因中，生活方式不当占据了60%的比例。很多专家把"生活方式病"看作现在社会对人类健康造成威胁的首要因素。生活方式的不恰当，会在长时间内慢慢损耗人的身体，造成很大的危害。

很多相关著作和资料都表明，现在越来越多的人死于自己的不正确的生活方式以及不恰当的行为。在多次国民体质监测里，很多数据的统计结果告诉我们，学生整体的体质水平一直在降低，肺活量数值偏低，并且肥胖人数持续上升，视力状况也越来越不好，出现很多口腔问题。根据研究我们发现主要的原因有两个：一个是随着现代科技智能的发展，依靠人动手的地方越来越少，人们的惰性不断上升，喜欢"宅"家里不出门，依靠手机就能解决很多方面的生活问题；另一个是学生自己的升学欲望，不断地沉迷于读书学习，无法抽出时间进行一些体育活动。也有相关研究生活方式的著作里提到，经济水平的提高，生活方式改变对于体质产生越来越大的影响，也就是说，生活水平随经济发展不断地改变，同时也影响着人的健康。那么我们进行一下等价交换，也就是说，社会的经济水平间接地决定了人们的体质健康。

四、锻炼与体质

所谓身体锻炼，即通过不同的身体运动，根据自然条件和卫生条件，从而达到增强身体素质、预防疾病、促进心理健康的目的所进行的身体动作。身体锻炼在身体成长过程中起促进作用；增强人体各项机能，提高人体基本运动水平；减缓衰老，增加寿命；促进心理和精神的健康，保证休息质量；增强人体对外界的抵抗和适应水平；预防疾病和促进身体机能恢复等。

经常进行体育活动，在促进人体系统能力方面有明显的作用，普通人的肌肉在体重中所占比例大概是40%，但保持长时间科学锻炼的人，这项比例就能提高5～10个百分点。所以，体育锻炼要从孩子的青少年时期抓起，今后对孩子的体质健康会产生重大影响。

（一）体育锻炼对循环系统的影响

在人体的各种组织系统里，循环系统的地位十分关键，它的组成部分是人的心脏和血管。循环系统的作用很大，一个作用是利用血液在全身的流通，给所有的组织和细胞供给氧气和营养成分，另一个作用是运送那些组织和细胞因为新陈代谢产生的废气到达肺和肾的位置，从而排出体外。在影响循环系统的发展方面，体育运动有着十分重要的作用，不仅能加强心血管的工作能力，而且能促进血液循环。

1. 改善心脏结构与提高心肌功能

在心脏的肌纤维方面，少年的状态一般是又短又细，从重量和容量上和成人相比处于弱势地位，所以他们的收缩力很低。但随着年龄的增长，少年长到成年，他们的心肌纤维也会变得越来越粗，心脏的容量、重量、收缩力和血液输送量都增加。长时间坚持体育运动，可以有效地提高心脏的供血能力，使新陈代谢变得更加旺盛，加大心壁厚度，让血管拥有更大的强度，心肌拥有更大的力量，心脏的体积、容量等都会变大。长时间坚持体育运动的人，他们可以拥有400～

500 克重的、1015~1027 毫升容量、大概 100 毫升每搏输出量的心脏。

2. 提高供血数量和质量

长时间坚持体育运动，对于血液的数量和质量方面都起着很重要的作用。在人体内，血液的重量能够占人的体重值的 1/10。坚持体育运动对于血液的再次分配有非常大的作用。血液的再次分配就是做一些体育活动时，神经系统会发挥它的调节功能，随之导致原本停留在肝和脾部位的血液重新流动，并且此时的内脏血管会产生收缩，处于肌肉内部的血管呈现扩张状态，引起大部分血液再次进行循环运动，这样才能确保身体在运动的时候，肌肉可以有充分的血液来支撑其工作。此时血液里还会不断出现更多红细胞，其数量能达到 400 万~550 万/立方米（男子 450 万~500 万/立方米，女子 380 万~460 万/立方米），最大值也能够到 700 万/立方米左右。除此之外，血液中的血红蛋白数量在保持上升状态，其数值能够达到 17~18 克/100 毫升，甚至超出这个数值，随之血液的运输能力也有很大的提升，能够运输更多的氧气以及二氧化碳。血液中用于中和酸性物质的碱成分不断上升，能够抵消更多因为运动分泌的乳酸，让人们在没有充分氧气状态下也能够完成大量的工作量，让人们在运动时更加有力量以及耐力。

3. 改善和提高血管的结构和机能

长时间坚持体育运动在血管方面有很大的益处，使其结构不断改善，功能不断增强。血管顾名思义就是运输血液的管道，长时间运动，能够有效提升血管壁的弹性，减少血液流通时遇到的一些阻力。所以，处于平静状态下的运动者血压通常低于普通人。

（二）体育锻炼对呼吸系统的影响

人们进行的所有生存活动，都一定要有能量来支持和供应，而能量的来源是体内的能源物质，物质转换为能量一定要经历氧化。人体内部的物质代谢阶段，一直依靠空气中的氧气。人体的呼吸系统由各个用于呼吸的器官组合形成，主要是鼻、喉、气管和肺。

1. 促进和改善呼吸系统的结构

长时间坚持运动，人体就会有更强的呼吸能力，加强了呼吸肌的力量，同时人体内的胸廓活动范围也得到提升,最明显的体现是胸围和呼吸差变得更大,它们能够直接表明胸廓的实际成长状态以及呼吸系统的强弱。

2. 有效地提高呼吸机能

呼吸系统的功能得到提升,主要的特征是肺活量数值增高以及呼吸变得更有深度,肺活量的多少其实也就表明了呼吸系统水平的高低。长时间坚持运动的人,他们的肺部就拥有更高的弹性,同时拥有更大的呼吸肌力量。因此,他们的肺活量会超出正常值 1000 毫升左右。另外,呼吸变得更有深度,也就意味着呼吸系统的能力变得更强,此时肺部的通气量就会很充足。

(三)体育锻炼对神经系统的影响

人体各器官系统的活动,是在神经系统调节下进行的。体育锻炼对身体的良好作用,也是通过神经系统的影响而实现的。

1. 使神经系统的反应更灵敏、更准确

在神经系统方面,体育锻炼起到的作用是加强它的调节作用。长时间坚持体育活动的人,处于大脑皮质中的神经细胞就会变得更加兴奋和灵活,而且耐性会加强,变得更加灵活之后也就会拥有更快的反应速度。从人体的外在表现上看,变得更加灵活和敏捷,也能说明大脑的灵活度增大,从而能更好地学习和工作,还能持续更长的时间。

2. 使神经系统的调节作用进一步加强

长时间保持体育活动的人,经历过严寒和酷暑的环境历练,就能对外界的环境增强适应性,还能更好地抵抗疾病。经常进行体育活动,有利于加强神经系统的调节能力,促进人们提升自身学习水平,拥有更高的工作效率。

(四)体育锻炼对运动系统的影响

运动系统包括三部分,即骨、骨连接和骨骼肌。

1. 提高肌肉的工作能力

长时间坚持体育活动,人体内部的新陈代谢能力就会加强,调动肌肉内部更多的毛细血管来参与工作，流动的血液量变多，供应给肌肉的血液量就会很充分，能够吸收以及储存更多的营养成分，肌纤维越来越粗，肌肉在体积上也会显著变大，所以肌肉就会拥有更加强壮的力量。除此之外，因为肌肉在结构上发生了改变，使体内的酶变得更有活性，同时神经会提升自己的调节能力，肌肉就会具有更强的能力，最明显的体现就是肌肉在收缩上更有力、速度增加，更具有弹性，能够承受更强、更久的力量。

2. 促进骨的生长和骨密度的增加

在增强骨质和提高骨的功能方面，体育运动可以发挥很重要的作用。长时间坚持体育活动，可以加快人体新陈代谢的速度，改变人体中骨的结构和功能。一般体现为增加骨密质的厚度，让骨头变得更加粗壮有力；按照不一样的拉力以及压力，骨小梁在排列的时候会变得更有序和更具有规律性，在骨头外部的肌肉依附的突起会变得越来越大。坚持进行体育活动，一方面有利于骨头的直径扩大，另一方面体现在青少年身上，可以加快骨直径扩大的速度，在增加身高方面有着很明显的效果。长时间坚持体育活动的学生，相比于那些不锻炼的人，在身高方面会有一些优势，这是众多的实际调查研究得出的结论。

3. 可以增强关节的牢固性，减少损伤

长时间坚持体育活动，分布在关节周边位置的肌肉和韧带就会拥有更强的力量并且提高了柔韧性，因此对关节起到加固作用。因为在做关节活动的时候具有一定的目的性，柔韧性得到提升，韧带和肌肉就会变得更加伸展，同时关节活动的幅度也得到了提升，柔韧性得到了加强。

第三节 学生体质健康测试

对体质健康的标准进行了最基础的了解之后，这一章主要讲一些重要的测试项目，在这方面展开了详细的探讨，研究了身体基本数据、心肺系统、力量与耐力、柔韧性等测试方法，内容较为全面，能够帮助学生更加深刻地认识和了解自己的体质能力，不断提高自己的体质水平。

一、学生身体的测试方法研究

（一）腰围与臀围比例测评

腰围（WC）是反映脂肪总量和脂肪分布的综合指标，世界卫生组织推荐的测量方法是：受试者站立，双脚分开 25～30 厘米，使体重均匀分配。测量位置在水平位髂前上棘和第 12 肋下缘连线的中点。将测量尺紧贴软组织，但不能压迫，测量值精确到 0.1 厘米。根据腰围检测肥胖症，很少发生错误。

臀围反映髋部骨骼和肌肉的发育情况。进行测量的时候，双腿保持的状态应该是直立且合并的，两只胳膊呈自然状态向下伸，皮尺水平放在前面的耻骨联合和背后臀大肌最凸处。

想要计数值变得更加符合实际，在测量臀围时，一是要在横切面上，二是要在锻炼前测量。同时要关注的是，每一次测量时，尽可能地选择相同的位置，时间也尽量固定，皮尺保持正常的平直状态即可，不要用太大力气去拉，容易造成误差。

腰臀比（WHR）是腰围和臀围的比值，健康的未育女性一般为 0.67～0.80，男性一般为 0.85～0.95。腰臀比不但反映了冠心病、高血压和糖尿病等疾病的发生危险，而且还是反映女性魅力的关键指标。

腰臀比可预测心血管疾病、糖尿病和乳腺癌的发生危险。

（二）体脂率

简单来说，体脂率是脂肪在人体中所占比例的大小，用百分率来表示，表现的就是人体内究竟有多大部分的脂肪。按照具体的位置划分，脂肪包括皮下脂肪和内脏脂肪，同时与此相配合划分肥胖，包括均一性以及内脏脂肪蓄积性两种类型。

我们单纯地看减肥这个名词，很明显这里的"肥"是指人体内部的脂肪。通常情况下，人们使用的体重秤测量的体重值包括人体所有不同种类的物质总和的重量，如骨骼、水分、脂肪、内脏等。因此，这种简单的体重秤所得数值若是出现下降，你也无法知道自己减去的究竟是体内的哪种物质，要是想具体分析清楚，我们要更进一步去了解体脂率。

正常情况下，男女的体脂率是不一样的，男性主要为 15%～18%，女性为

25%~28%。要想使身体的状况相对健康,那么体脂率就应该在上面所说的范围之内。若是体脂率高于这个百分率,体重值高于标准并且高出率大于20%,就属于肥胖人群。人体肥胖的原因多种多样,但大多是因为补充的营养太多、长时间不运动或者是因为一些疾病吃药所致。患有肥胖症的人群通常还会伴随着一些其他病症,如高血压、高血脂、糖尿病等;但是体质率低于这个标准的范围值达到一定程度,也就是男性只有5%的体脂率,女性处于13%~15%这个低值范围,人体内各个器官系统就无法正常工作,也会影响人的健康。

在测量体脂率时一定要注意时间的选择,最好在早上进行。人体得到充分休息,也就是7~8小时之后,所表现出来的各种数值都是最有准确度的。

1. 体脂率的测量方法

体脂率的测量方法有很多。过去,人们在进行体脂率测量的时候十分麻烦,主要是用 DEXA 来计算,花费的金钱以及时间相当多。后来人们发现了一种简单便捷的方式,也就是所谓的生物电阻测量法,在英文中简称 BIA,不但测量速度很快,得出的数据也具有较高的准确性,即使在家里也能使用,在一些门诊中也会用到。BIA 测量方法的一般工作原理是:人体内包括的物质属性不同,像体液和肌肉具有导电性,但是脂肪不具有导电性,在进行测试的时候,利用电极片与身体相连接,它所产生的极为轻度的电流通过人体,如果人的脂肪多,那么遇到的电阻就会很高,反之亦然。

体脂率的计算公式。

参数 a = 腰围(腰部的周长)×0.74

参数 b = 总体重×0.082 + 34.89

身体脂肪总重量 = $a - b$

身体脂肪百分比 = (身体脂肪总重量/体重)×100%

理想的体脂率,男性若超过25%,女性若超过30%则可判定为肥胖。

2. 理想的体脂率

理想的体脂肪率见表2-7。

表 2-7　理想体脂率表

性别	理想体脂率范围	30 岁以下	30 岁以上
男性	14%~20%	17%~23%	<25%
女性	17%~24%	20%~27%	<30%

（三）身高标准体重

1. 测试意义

身高标准体重意思为身高和体重相比，得出的比值保持在一定恰当的范围之内。利用这个比值，能够将人体的各项数据都反映出来。从身高标准体重的角度，可以对人体的外部姿势成长状态、营养摄入情况和身体匀称的情况进行观察。除此之外，还能间接地看出人体内部的主要构成物质，这个测量还比较简单。若是测试结束后的比例值与正常的同阶段人相比出现偏高或偏低现象，就表明身体的形态不太匀称，应该改善自己的饮食条件，也应该加强体育锻炼，提升肌肉比例，减去不必要的脂肪。在人体健康情况上，体重是一个关键的衡量标准，身体形态过瘦和过胖对健康都会产生不好的影响，身高与体重的比例值不恰当会极大地降低人体外部形态的美感。

（1）测量身高、体重可以判断人的生长发育和体型

一般衡量发育状况的指标主要包括年龄、体重、脑力等，以及它们之间的关联性。如果发育的状态没有问题，那么年龄和身体外部形态是具有一定比例的。身体状态呈现健康水平时，身体外部形态在成年之前每年都会发生变化，并且处于青春期时，这种变化表现得尤其明显，这是一种正常的情况。是否发育良好有很多的影响因素，如家族遗传、身体新陈代谢水平、饮食、运动习惯等。

（2）测量身高、体重可以判断胖瘦

在医学上，胖瘦是有判断标准的。判断的标准有十余种，应用的有两种。第一个计算公式是：

标准体重：身高（cm）－100＝体重（kg）

这是国际通用的标准，我国根据自己的国情，修改为：

标准体重：身高（cm）－105＝体重（kg）

2. 身高测试方法

受试者赤足，立正姿势站在身高计的底板上（上肢自然下垂，足跟并拢，足尖分开成60°角）。足跟、骶骨部及两肩胛区与立柱相接触，躯干自然挺直，头部正直，耳屏上缘与眼眶下缘呈水平位。测试人员站在受试者右侧，将水平压板轻轻沿立柱下滑，轻轻压于受试者头顶。测试人员读数时双眼应与压板水平面等高，记录员复述后进行记录。以厘米为单位，精确到小数点后一位。测试误差不得超过0.5厘米。

3. 体重测试方法

测试时，应将杠杆秤放在平坦的地面上，调整0点至刻度尺水平位。受试者赤足，男性受试者身着短裤，女性受试者身着短裤、短袖衫，站在秤台中央。测试人员放置适当砝码并移动游标至刻度尺平衡。读数以千克为单位，精确到小数点后一位。记录员复述后进行记录。测试误差不得超过0.1千克。

下面是一些测量时应该注意的事项。

①放置身高计的位置要保持地面是平坦的，尽量是贴墙的地方。

②严格掌握"三点靠立柱""两点呈水平"的测量姿势要求。

③在进行身高测试之前，最好不要做一些体育运动和耗费体力的活动，以免造成测量的数值不准确。

④被测量的人应该站立在秤台的最中间位置，并且在站上去和走下来的时候保持较轻的动作。

⑤在每次测量前，都应该对杠杆秤进行数值的校正，保证其准确性。

4. 测试场地或器材

测试时使用身高体重测试仪。

场地可以是室内，也可以是室外。

5. 测试目的

通过测量人体身高、体重，评定学生的身体匀称度，反映学生生长过程中的营养状况水平。

二、学生心肺系统的测试方法研究

（一）台阶试验

1. 定义或意义

台阶测试就是左右腿轮换在台阶上踏跳以测试心肺功能适应水平。台阶试验指数是反映人体心血管系统机能状况的重要指标。台阶试验指数值越大，则反映心血管系统的机能水平越高，反之亦然。

评价心肺功能适应水平的方法称作台阶测试。调查结果发现，心肺功能较好的人与那些心肺功能较差的人相比，在进行三分钟体育活动后，处于恢复阶段时，心跳的频率会出现偏低现象。在对心肺功能进行评价的时候，采用台阶测试方法尽管不是最适合的，但它也具有一定的优点：在场地上没有太大要求，在室内测试也可以；对于身体状况没有太大要求；在测试的设备上不需要花费太多金钱；并且不必花费太多时间。

2. 测试方法

男生用高40厘米的台阶（或凳子）；女生用高35厘米的台阶（或凳子）。测试时找一个同伴，他将帮助你保持适当的踏跳节奏。节奏为每分钟踏30次（上下），共3分钟，你可以让同伴用节拍器的节律完成试验。因此，你需要2秒钟上、下各踏一次（也就是说，把节拍器设置为每分钟60拍，每响一下踏一次），在测试时必须左右腿轮换做，每次上下台阶后上体和双腿必须伸直，不能屈膝。

受试者一只脚踏在台阶上，测试人员输入学号，按确认键开始，受试者按照节奏踏台阶。持续3分钟，当仪器显示结束时，受试者应尽快到指定位置。受试者静坐在椅子上，立即戴上指脉仪（中指），使手心向上放置在桌面上，持续3分钟即显示台阶运动指数，测试人员读出数据。

3. 测试场地或器材

台阶或凳子、节拍器（或录音机）、台阶实验仪。

4. 注意事项

①有心脏病的人员最好不要进行此项测试。

②在测试的时候保持一定的节律，最好是上、下一次花费 2 秒时间。若是进行测试的人的节奏出现混乱，负责测试的相关人员要快速出言提示，若是错乱的节拍已经连续进行了 3 次，应该立即中止测试，避免测试者出现损伤。

③无论是跳上台阶，还是跳下台阶，这时候的动作都应该保持膝、髋关节的状态是伸直的。

④在进行脉搏测量的时候，被测试的人不允许给自己测量。

⑤若是被测试的人无法坚持到 3 分钟结束，要按照他实际上、下台阶的不间断的时间来进行计算，但是计算方式不改变。

5. 测试目的

测试学生的心血管机能。

当完成心肺功能适应测试后，应对自己的测试结果作出评价，并确立提高自己心肺功能适应的目标。如果心肺功能适应能力被列在"1 分"或"2 分"等级中，说明目前的心肺功能适应水平低于平均水平，属于差或较差；如果被列在"4 分"等级中，那么心肺功能适应水平就高于同性别、同年龄段人的平均水平，属于较强；"5 分"等级是指心肺功能适应水平位于同年龄组前 15% 的人，属于强者。然而，不管目前心肺功能适应状况如何，应持续进行有规律的身体锻炼来提高自己这方面的适应能力。

（二）肺活量

1. 定义或意义

肺活量是指一次尽力吸气后，再尽力呼出气体的总量。

肺活量 = 潮气量 + 补吸气量 + 补呼气量

肺活量是指在不限时间的情况下，一次最大吸气后再尽最大能力所呼出的气体量，代表肺一次最大的机能活动量，是反映人体生长发育水平的重要机能指标之一。成年男子肺活量约为 3500 毫升，女子约为 2500 毫升。

潮气量指每次呼吸时吸入或呼出的气体量。补吸气量又叫吸气储备量，指平静吸气末,再尽力吸气所能吸入的气体量。补呼气量又叫呼气储备量,指平静呼气末,再尽力呼气所能呼出的气体量。

观察人的呼吸系统功能水平的高低,很关键的一点就是观测肺活量的数值。根据专家的观点,肺活量影响人的寿命,肺活量数值大的人一般会比小的人长寿。影响肺活量的因素有很多,如体重、身高以及胸围等。

2. 肺活量的重要性

人的肺活量和呼吸能力存在十分紧密的关系。通过生理学的调查发现：人体内所有的器官、系统、组织一直在进行氧气的消耗,人体要保证在各个部位工作的时候有充分的氧气,一切活动才能正常进行。人体的氧气来源主要是肺部的呼吸,在整个呼吸阶段中,肺部承担的功能不只是吸取氧气,还要排出二氧化碳。一般而言,在呼吸的过程中,肺部承担的是中转站的功能,这个中转站具有多大的容积,就会交换多少呼吸气体,在检测肺功能的众多方式里,它是最直接和最真实的。

与正常的肺活量标准相比较,若是数值偏小,就表明人体在氧气吸入和废气排出时效果不好,在氧气供应的时候明显不足,会造成一部分体内工作出现问题。人体在长时间持续性的学习、工作时一定会耗费更多的氧气,若是体内供应的氧气明显不充分,人体就会表现出很多不良的外部状态,如头晕、胸闷、精神颓废、睡不着觉等一系列症状。出现这些症状一方面不利于正常的学习和工作；另一方面还会危害人的身体健康。

3. 提高肺活量的呼吸方法

想要使自己的肺活量变得越来越大,应该注意使用正确的呼吸方式。人体无法贮存氧气,要想正常呼吸,一定要持续性吸入新鲜空气。由此我们可以看出呼吸的重要性。但是,在一般情况下,人们呼吸的时候只调动了自己1/3的肺活量。肺活量数值的下降对一些老人影响很明显,严重时会引发多种肺部疾病,如气管炎、哮喘、肺炎等。除此之外,还会导致肺部的很多功能退化,甚至引起一些肿瘤,若是此时还出现别的并发症,很容易出现死亡现象。所以,在我们的日常生活中,更应该保护自己的心肺,加强运动,使自己的身体更加强健,不断提升自己的肺活量数值,让血液可以获得充足的氧气,拥有旺盛的精力和体力。下面介绍一些加强肺活量的方法。

（1）深呼吸法

先慢慢地由鼻孔吸气，使肺的下部充满空气。吸气过程中，由于胸廓向上抬，横隔膜向下，腹部会慢慢鼓起。然后再继续吸气，使肺的上部也充满空气，这时肋骨部分就会上抬，胸腔扩大，这个过程一般需要 5 秒钟。最后屏住呼吸 5 秒钟。经过一段时间练习，可以将屏气时间增加为 10 秒钟，甚至更多。肺部吸足氧气后，再慢慢吐气，肋骨和胸骨渐渐回到原来位置。停顿 2 秒钟后，再从头开始，反复 10 分钟。练习时间长了，能成为一种正常的呼吸方法。

（2）睡眠呼吸法

躺在床上，两手平放在身体两侧，闭上眼睛开始做深呼吸。慢慢抬起双臂举过头部，紧贴两耳，手指触床头。这一过程约 10 秒钟，双臂同时还原，反复 10 次。此法还可以帮助人们安然入睡。

（3）运动呼吸法

在行走或慢跑中主动加大呼吸量，慢吸快呼，慢吸时随着吸气将胸廓慢慢地拉大，呼出要快。每次锻炼不要少于 20 次，每天可若干次。

4. 测试方法

房间通风良好，使用干燥的一次性吹嘴（非一次性吹嘴，则每次换测试对象时需消毒一次，每测一人时将口嘴向下倒出唾液并注意消毒后必须使其干燥）。将肺活量计数机放置于平稳桌面上，检查电源线及接口是否牢固，按工作键液晶屏显示"0"即表示机器进入工作状态，预热 5 分钟后测试为佳。

取已消毒的肺活量一次性吹嘴一个，插入肺活量仪测量部位。令受试者面对仪器站立，待测量仪发出第一次测量指令后，深吸气（避免耸肩提气，应该像闻花似的慢吸气），吸气时打开胸腔，稍仰头，用鼻子（或口与鼻子共用）深吸一口气，然后屏息 2~3 秒，再用力进行第二次（甚至第三次）吸气，并且最后一次吸气后鼓起腮部吸入足量的气体，然后及时用力呼出气体。

5. 测试场地或器材

肺活量一次性吹嘴、肺活量测试仪。

6. 注意事项

①在整个吹气的过程中，不能出现中断现象，若是中断了，那么仪器显示的

测量结果就是停止之前的数值。

②在进行吹气时，吹嘴的位置应该尽可能与面部相靠近。不要在吹嘴和面部之间留出空间，这样会轻易造成吹气过程中出现漏气现象，导致测试的数值不准确。

③完成测量以后，吹嘴要放置在桶或盒里，以便于后续采取整体消毒措施。

④电子肺活量计用于测量的位置一定要保持干燥，还要检测是否有堵塞的情况出现，这样才能确保仪器的准确度，吹气筒的导管一定要放置在上部位置，避免测试时因为口水和别的物质使气道无法正常工作。

⑤测试的人数达到10人，或者是整体结束之后，气筒的内部应该快速使用干棉球进行清理。但是要注意的是，清洁的时候不能使用液体。

⑥结束后放置导气管时严禁对其进行弯折动作。

⑦要经常按时对仪器进行校对工作。

7. 肺活量与衰老

通过肺活量的数据，我们能够知道一个人的心肺机能的高低，这个数值越高，表示身体提供的氧气量越充足。

肺在人体内部充当的角色是进行气体交换的中间站，人体各项机能的正常发挥一直都要靠消耗氧气来维持，若是学习和进行体育活动的时间持续较长，人体必须依靠大量的氧气来维持，如果肺活量数值偏低，就会产生头晕和胸闷的状况。若是所处的环境是高原，氧气较为稀少，肺活量数值较高的人就可以运送更多的新鲜空气到达人体的肺泡处，然后就会得到充足的氧气量。在呼气和吸气时，肺活量大的人通常具有较高的水平，还能够更强地控制自己的声音变化，也就是说，肺活量大能够让人的大脑具有更好的灵活性，保持更健康的身体状态。

肺活量的大小不同表现在性别和年龄上，一般男性拥有比女性更高的肺活量数值。正常情况下，年龄差别不大，身高体重的数值也较为正常，在肺活量的数值上不会存在很大差异。具体表现在吹气球上，谁吹的气球体积较大，谁的肺活量就较大。

根据正常的体质测试标准，通常测试肺活量的标准是肺活量计的数值。在日常生活中，若是想知道自己的肺活量是多少，可以通过爬楼梯来大概估算。例如，一般情况下，每个人会在25岁时心肺功能到达顶峰时期，在这个时候不间断地爬四层楼梯，呼吸的状态基本正常，只是略微有点急促，就可以估算出肺活量的大小在正常范围内；若是明显觉得呼吸有点艰难，喘气表现得十分明显，就能得出肺活量可能比正常人略低，有必要增加身体锻炼活动。若是年龄相对大一点，可以在这个基础上把速度减慢，减少楼层数。

若是肺活量数值变小，人衰老的速度就会加快。通常人过了35岁后，随着年龄的增加，肺活量会变得越来越小，当然还会伴随着人体供氧量的下降，比例为5%~10%，并且器官的功能也会下降。若是能够保持长时间的体育活动，就能快速增加肺活量，降低人体衰老的速度。那些长时间坚持锻炼的体育运动员，在四五十岁时看起来依旧很年轻，原因就是他们的肺活量和年轻人差不多。

8. 测试目的

说明身体的健康程度可以通过身体的各项数据表现出来，并且比较准确。肺活量的数值也可以表明学生的肺通气功能是否良好。

（三）1000米跑（男）、800米跑（女）

1000米和800米属于中跑项目，其最早的正式比赛是1847年11月1日在英国伦敦举行的，英国的利兰（John Leyland）以2分01秒的成绩获得800米跑冠军。

坚持进行中长跑运动，一方面有利于人体的心血管系统，另一方面还能够增强人的意志力，对人体机能产生巨大的作用。中长跑运动在中小学的课下锻炼时间是很常见的一种活动方式。

在人们的平常生活中，跑是一种比较常用的动作方式。人一般情况下从会走就开始了跑。每个人都具有跑的能力，然而，长时间不间断地跑不是每个人都具有的能力。所以，在进行跑这项运动时，应该了解恰当的技术，选择合适的方法。

进行中长跑，主要起到的作用是增强人的耐力，特点是坚持持续性的肌肉运动。在中长跑这项运动里，不仅要尽可能地消耗较少的能量，从而保持一定的速度，而且在跑步的整个阶段中要按照具体要求进行速度的调节。因此，进行跑步这项活动时，关键是要有正确的方法，保持自己的体力分配合理。在跑的过程中，状态应该是轻松并且保持协调。向前移动时，重心应该是不出现偏移的，要有良好的直线感，保持稳定的节奏；调动更多的肌肉力量，不断调换松紧度，不但要使动作取得实际效果，而且要尽量少耗费自己的体力。以上这些观念，在距离越长的时候就越需要谨记。

1. 测试目的

测试学生耐力素质的发展水平、心血管呼吸系统的机能及肌肉耐力。

2. 测试方法

受试者至少两人一组进行站立式起跑测试。当听到"跑"的口令后开始起跑。计时员看到旗动开表计时,当受试者的躯干部分到达终点线垂直面时停表。

3. 测试场地或器材

400米、300米、200米田径场跑道,质地不限。也可使用其他不规则场地,但必须丈量准确,地面平坦。发令旗一面,秒表若干块,使用前需要校正。

4. 赛前注意事项

(1) 赛前注意
①在进行比赛前半小时,最好摄入一定的葡萄糖水,而且要保证一定的浓度,切忌饮用别的饮料。若是感到口渴,可以喝一些白开水,赛前半小时切忌进食。
②比赛若是到了当天,千万不可以食用甜食,如巧克力等,很容易造成比赛时嗓子出现发黏现象,阻碍呼吸。
③在衣服的选择上,尽量是宽松舒适的运动服,并且配一双适合做运动的鞋子。

(2) 准备活动
①开始小幅度的跑动,出汗量不要太多。
②做一些拉伸的准备活动,如压腿、转体等,打开自己的关节和韧带,方便更好地进行运动。
③在进行正式比赛前的20分钟内,可以做2~3个30米的加速跑。
④进入跑道之后,可以在原地向上跳几次,让自己的精神状态保持兴奋。
⑤赛前也要关注自己的体温,尽可能让身体保持正常的温度,不能过低。

(3) 比赛时
①呼吸的时候,要调动嘴和鼻子一起工作,将舌头顶在上颚,空气进出的位置应该是舌头的两边,这样可以使空气保持湿润,也能防止凉气危害嗓子。

②跑步过程中，要保持呼吸的频率较为均匀，尽量保持自己跑步时的排名为2~3名，不要被别人挤在中间，若是自己水平不够，不要勉强自己跟着别人长时间地跑。比赛的指令发出之后，开始跑时一部分人用的力气有时候过大，一般最后的成绩不会太好，所以不要随便跟着别人跑。跑步时，不要让脚跟接触地面，用力着地和进行蹬步的部位应该是脚前掌。当跑步的距离只有400米就要结束的时候要加大力气，但同时要保证在冲刺的后100米力气不至于耗尽，冲刺时，胳膊摆动的次数要增加。

身体在长时间的劳累之后，会进入一个平缓期，这时候会感觉全身的状态十分轻松，朝着终点前进，保持匀速，控制在20秒100米之内，若是分配全程的体力较为合理，身体就不会流出太多汗。

5. 1000米中距离跑——综合训练

（1）呼吸

①呼吸的时候，要调动嘴和鼻子一起工作，将舌头顶在上颌，空气进出的位置应该是舌头的两边，这样可以使空气保持湿润，也能防止凉气危害嗓子。

②进行跑步时，呼吸的频率保持在两步一下或者三步一下，呼和吸交替进行。

③在1000米的跑步项目中，没有固定的步子标准，保持自己的习惯，不必经常变动。

（2）跑步机

跑步机可以用来做一些有氧运动，不必保持高速度，但是时间要坚持超过20分钟，若是时间过短，就不会产生太大作用。

（3）热身运动

①开始小幅度的跑动，出汗量不要太多。

②做一些拉伸的准备活动，如压腿、转体等，打开自己的关节和韧带，方便更好地进行运动。

③在正式比赛前的20分钟内，可以做2~3个30米的加速跑。

④进入跑道之后，可以在原地向上跳几次，让自己的精神状态保持兴奋。

⑤赛前也要关注自己的体温，尽可能让身体保持正常的温度，不能过低。

（4）服装

在服装的选择上，一般只要求适合运动就行，但是要保证数量不是过多，厚度不高，若是衣服过多就会很容易出汗，汗液过多身体发黏，腿部运动就会变得困难。跑步结束以后，要加一些衣物来进行保暖，若是情况允许，尽量更换潮湿的内衣。

（5）饮食

①在比赛前半小时，最好摄入一定的葡萄糖水，而且要保证一定的浓度，切忌饮用别的饮料。若是感到口渴，可以喝一些白开水，赛前半小时切忌进食。

②比赛若是到了当天，千万不可以食用甜食，如巧克力等，很容易造成比赛时嗓子出现发黏现象，阻碍呼吸。

详细的训练途径在下文中会有所体现。从事中长跑运动的人员在耐力和速度上具有一定的要求，能够达到高速度还能坚持整个历程。我们从生理学角度来分析，这种运动类型的强度是人体的极限值。在进入长跑之后，人的血液里就会出现更多的血乳酸，同时吸氧量和肺活量也会达到最大值，所以进行该项运动的人员一定在血乳酸上有很强的耐力，而且心肺功能良好。

（四）1000米中距离跑——思想训练

在训练过程中，一定要注意训练量不要太大，消耗太多的运动热情。一部分学生将训练课看得太重，过度重视训练，看轻了正式比赛。为了防止出现这种状态，一定要记录学生所有的真实状态。每个人都有自己的个性，而且表现在不同方面，如身体、心理、精神等。另外也不能忽略针对对手来进行训练和准备。

训练要从很多角度来进行，如奔跑速度、爆发力、持久性、自信度等方面，每个人都有很大的进步空间。在自己进行锻炼的时候，也要考虑对手如果在这些方面超出自己会出现什么局面。另外，在众多的运动类型中，中距离跑也是不错的练习手段。这种学习可以通过专业的训练来获取，也可以通过教练来不断增强自己的意志力和比赛信念。

从生理角度来看，一方面训练的方法和技术要正确；另一方面也要精准地识别战术和了解比赛的详情。

在训练时，尤其要关注的是：将自己40%的体力保留下来，等到比赛进入后面的1/4阶段时可以进行冲刺。如果没有特殊的要求，尽量不做跑在最前面的人，但有其他目的的情况除外，比如有改变自己步频大小的目的，或者是想占据重要的战略点。若是不进行领跑，就要重点关注持续性的跟跑。在跟跑的时候，按照自己的实际能力来选择恰当的步长。

在训练时，还应该注意的重要方面是更好地进行恢复，减缓自己的疲惫感。如果训练的量和幅度都过大，必须要给身体留出一定的时间来进行恢复，这样才能保持较好的体能和素质。如果休息时间不充足，体力就会急速下降，很容易出现受伤甚至疾病。

从心理和情感的角度来分析，学生要为自己树立一个想要到达的目标和制订详细的计划。在平日里按照计划进行各种方式的训练，分距离来进行跑步。关键的一点是，自己给自己定的目标越高，将来得到的成就越大。

能够在长时间内保持注意力不转移也表明一个人能力很强，将这种能力运用到训练中，就更容易取得成功。若是学生在训练中经常出现注意力偏移，那么之前学习过的技巧也就不会发生任何作用了。

从精神层面来讲，训练精神主要是想摸清学生身上的一些不稳定的特质，如勇气、信念、责任，它们往往能够决定一个人是否可以取得成功。一般情况下，在比赛的最初4分钟内，关键依靠的是大脑，身体并不起主要作用。在比赛中所表现出来的基本是精神方面，精神对于比赛中的学生运动员起着很大的控制作用。在众多的特质里，精神是从人的身体内部产生的。运动员的身上一定有一些独特的素质，能够表现出自己的特性。这些精神是通过热情、情绪和一些美好的憧憬来获取的，它们依靠运动员周围的能量来持续供应。

（五）测试技巧

1. 姿势

进行中长跑运动的时候，身体的状态应该是平衡的，向前运动的时候应该轻度向前方倾斜一下。整个跑步阶段中，要保持头部抬起，收紧腹部，两只手和两只脚协调一致，尽量不要大幅度向左右方向晃动，降低能量消耗的概率。

中长跑的后程，就要求加大躯干的前倾，从而带动身体向前，为平衡这种前倾，自然要加强蹬摆的配合，增大上肢的摆动幅度。

2. 步频和步长

通常只能是保持步长，提高步频；或是保持步频，提高步长，来达到提高成绩的目的。

一般情况下，一个175厘米的男性步长应该可以达到1.8~2米，一个身高

160厘米的女性步长可以达到1.5~1.7米（按身高比例来说，男性的下限值是1.7米，女性的下限值是1.5米，男性的上限值是2.2米，女性的上限值是1.9米）。

如果受试者刚好腿短身长，那么就需要适当提高自己的步频，一般是一秒3.5次。

3. 着地缓冲的技术

双脚从空中向下落时，最先到达地面的应该是脚跟，同时要让脚底和地面保持一定的夹角。落地进行缓冲时，尽可能将阻力降到最低，快速切换为向前蹬。落地时整个身体的重心在下面，但是要快速前移自己的重心。这都是着地缓冲最难的地方。很多人在跑步的时候，经常出现落地后向前蹬的状况，因此阻力过大，重心下移后没有接下来前移，加大了之后蹬身送髋的难度，没有让缓冲充分发挥作用。

4. 呼吸

在中长跑运动中，调整好自己的呼吸是很重要的一点。那些没有运动经验的人，若是能保持好自己的呼吸，在时间上可能出现20秒的优势。

（1）学会从牙缝中吸气

在进行跑步这项运动时，呼吸的时候应该是鼻子和嘴一起工作，降低呼吸肌的工作压力，口张开的幅度不要过大，保持轻微的幅度就好，有轻微的咬牙动作，空气通过牙缝可以流通。另外，呼吸的频率要保持匀速，还要具有一定的节奏，呼气的时候动作应该短而用力，吸气的时候应该慢而匀速，并且要具备一定的深度。

（2）呼吸频率与步伐配合

在进行跑步这项运动时，通常情况下是根据自己的习惯来改变自己的呼吸频率。但事实上，呼吸的频率要与实际的步伐相配合。在进入跑步的前期（400~500米），呼吸的频率要保持在三步，若是还想要维持较快的速度，也可以调整为两步，但是无论前还是后，呼吸的深度要保持不变，达到这个要求感觉才会比较轻松。

（3）加强呼气深度

在进行慢跑这项运动时，很多人都没有关注过自己的呼吸深度问题，因此，如果运动时间持续较长,呼吸就会变得浅显并且速度加快,导致胸闷和呼吸困难的现象。一部分人尽管在运动时吸气较深,但是忽略了呼气也要具有一定的深度。在实际中,如果持续长时间跑步,就要增加呼气时的深度,只有这样才会产生更多的氧气。在呼气时提高深度实际是为了将体内的废气尽可能地排出来,提升肺中负压,这样吸气就变得更加容易,还可以加大吸气量。

5. 弯道跑技术

弯道跑实际上表现的是一种圆周运动,在这个过程中产生作用的还有离心力,一般的规律是速度越快,产生的离心力越大。所以如果跑步的速度很快,进行中长跑训练的人员身体的姿势应该偏向于左边,但这个角度的范围应该保持在$7°\sim 10°$。

进行弯道跑运动时,主要的上肢动作表现为摆臂,摆臂时产生离心力,右边的臂膀向前摆动时,右手应该放在左边并且位置是身体的中线,当然也允许加大一点幅度;向后摆动时,右臂的肘部的方向应该是斜后方,但是手臂的动作幅度不宜过大,避免身体重心转移。若摆动的是左边的臂膀,力度相比于右臂要小点,向后时,保持的动作是肘部紧靠躯干,速度要快一点。这样进行的摆动动作,两只胳膊就会更好地配合,可以加快前进的速度。在进行摆动时,肩部要保持自然状态,右肩的高度要大一点。

三、学生力量与耐力的测试方法研究

(一)立定跳远

1. 定义或意义

立定跳远,顾名思义,就是保持立定的姿势,不借助跑的力量直接向前跳。在比赛时,对于两只脚站在什么位置没有固定要求。但是若是跳起,只能有一次离地的机会,若是出现两次离地的现象判定为失败。在很多体育测试、会考中,会要求测试这项跳远项目。

在锻炼人体的下肢力量和弹跳力方面,立定跳远很重要。在跳远时,要调动身体的多个部位一起工作,因此很考验人的肢体灵活性。在难度和场地选择上,立定跳远都很简单,没有太大要求。

2. 测试方法

受试者两脚自然分开站立，站在起跳线后，脚尖不得踩线。

两脚原地起跳，不得有垫步连跳动作。跳时两腿稍分，膝微屈，身体前倾，然后两臂自然前后预摆两次，两腿随之屈伸，当两臂从后向前上方做有力摆动时，两脚用前脚掌迅速蹬地，膝关节充分蹬直同时展髋向前跳起，身体尽量前送，身体在空间成一斜线，过最高点后屈膝、收腹、小腿前伸，两臂自上向下向后摆，落地时脚跟先着地，落地后屈膝缓冲，上体前倾。

起跳落地后，测试者应从测试仪前方走出，不得后退。每人跳三次，记录其中最好的一次成绩。以米为单位，小数点后保留两位数。

3. 测试场地或器材

测试器材：立定跳远测试仪。

4. 训练方法

（1）蹲跳起

蹲跳起是主要发展腿部肌肉力量和踝关节力量的练习。

动作方法：双脚左右开立，脚尖平行，屈膝向下深蹲或半蹲，两臂自然后摆。然后两腿迅速蹬伸，使髋、膝、踝三个关节充分伸直，同时两臂迅速有力向前上摆，最后用脚尖蹬离地面向上跳起，落地时用前脚掌着地屈膝缓冲，接着再跳起。每次练习15~20次，重复3~4组。

（2）单脚交换跳

单脚交换跳是增强小腿、脚掌和踝关节力量的练习。

动作方法：上体正直，膝部伸直，两脚交替向上跳起。跳时主要是用踝关节的力量，用前脚掌快速蹬地跳起，离地时脚面绷直，脚尖向下。原地跳时，可规定跳的时间（30~60秒）或跳的次数（30~60次）。进行间跳时，可规定跳的距离（2~3米）。以上练习重复2~3组。

（3）碾跳步

碾跳步主要用来增强腿部后群肌肉和踝关节的力量，训练身体的协调性。

动作方法：用右（左）腿直膝向前上方跳起，同时左（右）腿屈膝向上举，右腿落地，然后换腿，用同样方法跳，两臂配合腿前后大幅度摆动。跳时踝关节和前脚掌要用力，整个动作轻快。它与舞蹈的"踢跳步"动作类似。

（4）纵跳摸高

纵跳摸高是增强腿部肌肉和踝关节力量而经常采用的一种练习方法。

动作方法：两脚自然开立成半蹲预备姿势，一臂或两臂向上伸直，接着两腿用力蹬伸向上跳起，用单手或双手摸高。每次练习 10 次左右，重复 3～4 组即可。

5. 注意事项

①若是存在违规情况，成绩就会作废。若是跳完三次之后依旧没有成绩，可以给再跳的机会，一直到有成绩为止。

②允许不穿鞋子，但不能穿着钉鞋、皮鞋等跳远。

③训练的时候场地应该平坦而且硬度适中，如土地、沙坑等，不宜选择太滑的地点。

6. 测试目的

通过立定跳远测试，测量人体的协调性和股、腿等部位的爆发力。

（二）握力

1. 定义与意义

握力主要是测试上肢肌肉群的发达程度，在体能测试中，它常以握力体重指数的形式体现，即把握力的大小与受试者的体重相联系，以获得最科学的体力评估结果。

2. 测试方法

受试者面对仪器站立，两脚自然分开，成直立姿势，选择有力手握住施力手柄。按"测试"键，受试者紧握施力手柄，快速全力发力，受试者发力至最大点后，机箱显示测试成绩，测试结束。

3. 测试场地或器材

主要是使用握力测试仪。

4. 提高方法

要想获得更好的握力成绩，最关键的是加强前臂的锻炼，形成健壮并且力量很强的前臂肌群，在完善体形上面有很大的作用，还能促进握力、支撑力的提升，为不同的训练动作打下良好的基础。但是很多喜爱健身的人一般没有注意加强锻炼自己的前臂肌群，因为很多人认为在锻炼肌肉时包括的是所有部位的肌肉。其实这种想法很狭隘，前臂肌群一定要专项锻炼。

前臂肌由两组肌群构成，一组是弯曲腕关节的，另一组是伸展腕关节的，肌肉小而多，功能复杂。训练动作主要是腕弯举、转腕、负重卷绳、捏抓杠铃片等。下面介绍几种专门锻炼前臂肌群的方法。

（1）侧弯举

两手或一手侧握哑铃（拳眼向前），上臂紧贴体侧，持铃向上弯起至肩前，缓慢下放还原。主要锻炼前臂伸指肌群，同时锻炼上臂前侧肌群。

（2）正握腕弯举

双手正握杠铃（掌心朝下），握距与肩同宽，上臂紧贴体侧。向上弯举杠铃，举至极限后缓慢下放还原。动作过程中前臂肌群始终保持用力状态。主要锻炼前臂伸肌群和上臂外侧肌群。

（3）反握腕弯举

坐在凳端，两手掌心向上反握杠铃，握距与肩同宽，前臂贴放大腿上，手腕放松。用力将杠铃向上弯起至不能再弯时为止，然后放松还原。此动作可将前臂垫在平凳上做，也可单手持哑铃做。主要锻炼前臂屈肌群。

（4）背后腕弯举

站立，背后正握（掌心向后）杠铃，做腕弯举动作，作用同反握腕弯举，主要锻炼前臂屈肌群。很多健美运动员都喜欢采用这种练习方式，因为它能产生一种强迫收缩的感觉。

5. 注意事项

①此时的手臂状态应该是自然向下的。

②在进行握力的时候，不要让测力器和身体接触。

③显示屏显示"0"数值前，手必须脱离测力器内握柄。

6. 测试目的

通过测量握力的大小，测定手臂肌肉的力量。

（三）引体向上

1. 定义或意义

引体向上是以自身力量克服自身重量的悬垂力量练习。它要求学生有一定的握力、上肢力量和肩带力量，这个力量必须能克服自身的体重才能完成一次。引体向上对发展上肢悬垂力量、肩带力量和握力有重要作用。它是按动作规格完成的次数来计算成绩的，做得多则成绩好，因此，它是一种力量耐力项目。

引体向上是最基本的锻炼背部的方法，重点锻炼斜方肌、背阔肌和肱二头肌。引体向上可分为正手、反手、正反手、平行、胸式、颈后、负重、单手、单臂、单指等类别。

2. 测试方法

两手用宽握距正握（掌心向前）单杠，两脚离地，两臂自然下垂伸直。

受试者跳起，双手正握杠，两手与肩同宽成直臂悬垂。静止后，用背阔肌的收缩力量将身体往上拉起，直到单杠触及或接近胸部，下颌超过横杠上缘，静止一秒钟，使背阔肌彻底收缩。然后逐渐放松背阔肌，让身体徐徐下降，直到恢复完全下垂，为完成一次。记录引体次数。

将身体往上拉时吸气，下垂时呼气。

上拉时意念集中在背阔肌，尽可能把身体拉高，上拉时不要让身体摆动，下垂时脚不能触及地面。

3. 技巧说明

①跳起或借助踏脚正手全握单杠，双手握位比肩宽。
②保持身体稳定，屈膝，双脚交叉于身后。

4. 测试场地或器材

高单杠或高横杠，杠粗以手能握住为准。

5. 注意事项

①处于测试中的人要正面用双手握住单杠，等到自己的身体状态平静下来时再进行测试。

②测试的时候，不要让身体出现大幅度摆动现象，更不准通过别的动作加力。

③两次动作的间隔不允许在10秒之上，否则就要中断测试。

④测试的时候，允许在手上加防滑粉，有利于让抓杠的时候更牢固。

6. 测试目的

测试学生的上肢肌肉力量的水平。

（四）仰卧起坐

1. 定义或意义

做仰卧起坐的动作时，主要的目的是锻炼身体。在练习的时候，不同的人应该保持不同的速度。针对没有锻炼基础的学生，若是为了锻炼腰腹部，去除多余的赘肉，在节奏上要把握好，不要贪图数量，初始就进行很多次，这样做通常会使肌肉出现疼痛感。初始练习的时候，频率保持在一分钟5次就可以，随着天数一点点增加次数，最多保持在30次上下即可。女性进行仰卧起坐的动作，若是在30岁之下，一般的目的是预防妇科疾病，这种情况下频率应该保持在一分钟45~50次，次数随着年龄减少，若是在50岁以后，次数保持在25个。但是健身基础较好的人，他们进行仰卧起坐的目的主要是加大腹部力量，频率可以达到每分钟60次。

2. 测试方法

接受测试的人，应该保持整个身体平躺在垫子上，两腿保持叉开，弯曲膝盖与地面成直角，两只手的手指交叉放在脑后，一个人将其踝关节固定住。开始测试时，被测试的人两只手的肘部必须到达膝盖位置才能记为一次结束。平躺在垫子上，肩部必须紧贴垫子。听记录人员发出指令后开始，一分钟后整体结束记录次数。

3. 测试场地或器材

垫子若干块（或代用品），并铺放平坦。

4. 呼吸技巧

在做仰卧起坐的时候，一定要注意调整自己的呼吸，配合完成动作。一般是身体向前时呼出气体，身体下躺时吸入气体。若是不按照这个呼吸节奏来，动作完成得就很吃力。所以要想把动作做到位，要保持一定的技巧，也就是一起一呼，一躺一吸，让动作完成得更加顺畅，还能起到很好的锻炼效果。

5. 测试目的

测试腹肌耐力。

6. 注意事项

①在锻炼过程中，次数的增加要循序渐进。初次进行仰卧起坐锻炼的人，一组的动作次数最好保持在 10 个以下，能够先提高一下腹部的肌肉力量，一组结束后，要站立起来活动，也可以平躺不动休息片刻，间隔时间最好超过 10 分钟，这样下一组才有力气。

②仰卧起坐的时候，动作的速度不宜过快。

③测试的时候，被测试的人若是借助肘部和臀部的力量，那么这个次数不计入成绩内。

④在整个测试过程中，记录人员要将次数大声报出来。

⑤接受测试的人，两只脚的位置一定在垫子的上面。

（五）跳绳

1. 定义或意义

在锻炼身体方面，跳绳是一种很好的方式，在反应和耐力锻炼上效果较好，在保持人体形态和协调上起到很好的作用，还具有增强人体健康的好处。在热量消耗上，跳绳的效果能够达到每小时 1 万卡路里，同时这时的心律与慢跑的数值区别不大，然而它不会出现跑步时膝关节疼痛的问题。

跳绳是一种利用绳索做环摆并配以一定的跳跃的运动方式，并且它适合的年龄段很广泛，属于活动全身的一种有氧运动方式。跳绳的好处包括很多别的运动方式的好处，还有自己的独特之处，如有利于快速消耗热量，增强心肺功能，锻炼身体形态、协调性，还有助于减肥。

2. 测试方法

两人一组，一人测试，一人记数。测试者将绳的长短调至适宜长度，听到开始信号后开始跳绳，动作规格为正摇双脚跳绳，每跳跃一次且摇绳一回环（一周圈），记为一次。听到结束信号后停止，测试员报数并记录受试者在 1 分钟内的跳绳次数，测试单位为次。

3. 测试场地或器材

平坦、空旷干净的地方，各种长度的跳绳，若干秒表、发令哨。

4. 注意事项

①进行跳绳这项运动时，鞋子尽量又软又轻，这样会减少脚踝受伤的概率。
②跳绳运动使用的绳子应该在软硬和粗细上较为合适，若是新学的人一般最好用硬度较高的，在多次练习后可以调整为软绳。
③在场地的选择上，最合适的是草坪、木质地板和较为软和的泥土地，一定不要在硬度较高的水泥地上活动，这样很容易造成关节受伤，还有可能造成头昏。
④在进行跳绳这项活动时，肌肉和关节应该保持轻松状态，用力的时候，脚尖和脚跟的动作要互相配合，避免出现扭伤的情况。
⑤如果体形过于肥胖的人和年龄在中年以上的妇女进行跳绳这项活动时，两只脚的起跳的时间应该相同。并且跳起的幅度不要太大，防止关节承受较大的压力从而导致损伤。
⑥在进行跳绳这项运动之前，必须做好充分的活动，让自己的足部、腿部、腕部等部位的关节活动开。跳绳运动结束之后，可以通过一些轻松的活动放松自己的身心。

5. 测试目的

测试学生的下肢爆发力和身体协调能力。

四、学生身体柔韧性素质测试研究

对学生的柔韧性测试主要是坐位体前屈。

（一）测试方法

受试者赤足，上体垂直坐在座垫上，两腿伸直，脚尖分开 10～15 厘米，脚跟蹬在立板上，两臂平举伸直，指尖轻触测试推板。按"测试"键，测试开始，受试者均匀推动推板，直到不能继续前移为止（注意推动过程中膝盖不能弯曲），仪器自动显示测试成绩，测试完毕。

（二）测试场地或器材

坐位体前屈测试器。

（三）练习方法

1. 徒手

①站位体前屈：两腿并立，两膝伸直，上体前屈，两手掌触地，上体与腿尽量贴近，复原姿势后连续做（也可两手扶小腿后部来做）。

②横叉：两手在体前扶地，两腿左右分开成直线，上体俯卧或侧倾。

③正踢腿：直立，两臂平举，左脚向前迈出一小步，右腿绷紧，脚面伸直，起腿要轻，急速有力地向上踢腿，高度要高，落腿要稳。两腿交替练习。

④原地跳体前屈：两腿分立，两膝弯曲，两臂后摆，成半蹲式，向上纵跳，同时两腿分腿向体前踢，上体前屈，两臂前伸触脚（此动作类似于"两头起"）。

2. 在肋木上

①正压腿：一腿直立，另一腿举起放于肋木上，身体正对肋木，上体向前尽量用胸部贴腿，双膝不得弯曲，复原姿势后连续做，完成一定次数后左右腿互换。

②侧压腿：一腿直立，另一腿举起放于肋木上，身体侧对高腿，上体尽量侧屈，用头的一侧贴腿，不要前倾或后仰，复原姿势后连续做，完成一定次数后左

右腿互换。

③吊起屈腿：背靠肋木，两手抓住肋木上方，两脚悬空，上体不动，直腿前屈，复原姿势后连续做（也可以两脚倒挂于肋木之上，上体前屈）。

（四）注意事项

在做一些增加柔韧性的活动时，必须提前进行准备活动，不能因为过于追求最终目的，而在练习的时候速度过快、用力太大。特别是在冬季时，在正式练习时一定要把准备活动做到位。锻炼时不提前将身体活动开，肌肉、关节、韧带出现损伤的概率就会大大提升。提高坐位体前屈的成绩不能一蹴而就，它必须经历一个过程，由简到难，坚持不懈，一步步地达到目的。

（五）测试目的

坐位体前屈主要是检查人体的柔韧性。柔韧性是指人体在进行各种动作时，关节、韧带以及肌肉所具备的伸展水平。影响柔韧性的原因主要是关节的平面结构，以及围绕在关节附近的软组织具有多大的体积，还包括肌腱、韧带等所具有的伸展能力。利用体育活动的方式，对于关节灵活性的提高作用较为明显，还能够加强一些软组织的性能，提高韧带、肌肉等的伸展能力。反之，如果人们进行的体育活动基本为零，无法保障自己的体质水平在正常范围内，很多情况下都是因为柔韧度不高，无法进行太大幅度的运动。

一个人拥有的柔韧性越高，也意味着他的关节能够进行更大幅度的动作，从而关节也就具有更高的灵活度。柔韧性和健康之间也具有很大的关联，具有较好的柔韧度，身体活动就具有更好的协调性，在用力和提速的时候就更加容易，还能促进技术的提高，减少运动造成的损伤。

第三章 学生体质健康促进政策与评价

第一节 学生体质健康促进政策

一、中国学生体质健康促进政策的历史沿革

1949年中华人民共和国成立，全社会政治、经济、教育、文化等开始慢慢恢复和建立。新中国成立以来，学生体质健康问题逐渐引起党和国家的高度重视，尤其是改革开放以后，国家下发《关于中国学生体质健康调研工作若干具体问题的通知》建立全国学生体质与健康监测调研体系，从而发现我国学生体质健康状况存在逐年下降的严重状况。学生体质健康促进政策涵盖了学校体育和公共政策等多个领域，其中主要促进学生体质健康的政策大多在学校体育领域，因此，本研究以学校体育政策发展的历史变化为主要线索，以有关学生体质健康促进政策文本的出台作为依据，以新中国成立为起点，将中国学生体质健康促进政策的历史沿革划分为四个阶段：启蒙阶段（1949—1962）、停滞阶段（1963—1977）、发展阶段（1978—2006）、发展与完善阶段（2007年至今）。

（一）启蒙阶段（1949—1962）

这个时期是中国从新民主主义革命向社会主义革命过渡的时期，也是新中国探索适合中国国情的社会主义建设道路的时期。1949年10月，新中国颁布了宪法性质的《中国人民政治协商会议共同纲领》。1951年8月，政府委员会制定了《关于改善各级学校学生健康状况的决定》。1954年，国家体育委员会颁布了《卫国劳动准备和体育制度暂行条例和工程标准》，并在当时采取了苏联的《劳动和国防制度》。为了增强学生的身体健康，全国各地的大中小学校都出现了一波体育锻炼的热潮。后来，通过制定一系列相关政策法规，反映了国家在此期间对学生体质健康的重视。1957年，清华大学校长蒋南翔发表了题为"为祖国健

康工作 50 年"的演讲。把体育活动推向一个新的高潮。据 1955 年统计的大致数据，在全国实施了劳卫制预备级的学校有 3200 多所，有 100 多万学生频率较高地进行了体育运动，使学生体质健康水平得到了良好的发展。然而，在 1959—1961 年，中国发生了巨大的自然灾害，和苏联的关系在此时也发生了恶化。因为食物匮乏使我国不少学生出现严重营养不良的情况，使得参加体育运动的学生逐渐减少。

这一阶段颁布的与学生体质健康促进相关的政策如下（表 3-1）：

表 3-1 启蒙阶段颁布的学生体质健康促进政策

年份	颁布机构	相关政策
1949	政务院	《关于改善各级学校学生健康状况的决定》
1953	教育部	《关于正确发展学校体育运动，防止伤害事故的联合指示》
1954	教育部	《关于公布准备劳动与卫国制度暂行条例、暂行项目标准、预备级暂行条例》
1955	国家体委	《关于在青少年中开展国防体育活动的联合通知》
1955	教育部	《关于加强领导进一步开展高等学校体育的指示》
1956	教育部	《中学和师范学校体育教学大纲》
1958	国家体委	《劳动卫国体育制度条例》
1960	教育部	《关于在青少年中广泛开展运动竞赛的联合通知》
1961	教育部	《中小学体育教学大纲》

（二）停滞阶段（1963—1977）

1964 年，前国家体育委员会召开的全国体育工作会议上将"劳卫制"改为《青少年体育锻炼标准》，这应该是促进学生体育锻炼的机会。1975 年，国家体委、教育部、共青团中央、卫生部以国内大范围调研为依据，针对我国学生的身心发展特点和测试项目的普及分布特征，联合颁布了《国家体育锻炼标准》，这是我国自主制定并实施的第一个学生体质健康测试制度。它是在 1964 年颁布的《青少年体育锻炼标准》的基础上进行了修订，在测试项目上取消了射击运动、掷手榴弹、行军等军事体能测试项目，增加了掷实心球、铅球、一分钟仰卧起坐等身体素质测试项目。并且为更好地反映我国青少年儿童体质发展水平的实际状况，在原先只有达标的基础上细化为及格、良好、优秀三级测验标准。为促进学生积极参与体育锻炼、提高身体素质，对于不同组别的测试达标者分别颁发银色、金色绿叶和金色金叶奖章作为激励措施。

（三）发展阶段（1978—2006）

中国改革开放以来，社会经济和人民生活水平日新月异，国家对学生体质健康依然十分重视。1978年，党的十一届三中全会成功召开。鼓励把促进学生的体质健康作为学校体育的指导方针。1979年，中国恢复了国际奥委会的合法席位。学校体育"增强学生体质"的体育指导思想，成为在扬州召开的学校体育工作会议的核心议题。这次会议是中华人民共和国成立以来规模最大的学校体育工作会议。它为改革开放后探索年轻人的健康开辟了道路。随后，颁布实施了《高等学校体育工作暂行规定（试行草案）》和《学校体育工作条例》，中国学校体育进入了制度化管理的新时期。1982年《国家体育锻炼标准》《关于确保每天一小时中小学生体育活动的通知》《关于做好新国家体育锻炼标准实施工作的联合通知》陆续发布。对学生体育锻炼和锻炼结果的科学评价具有国家标准。1983年，发布了《关于进一步加强学校体育的意见》，进一步明确了学校体育的工作目标和要求是增进学生体质健康。

1984年，中央发布的《关于进一步发展体育运动的通知》指出"要大力开展城乡体育事业，提高人民健康水平"。1985年，发布了《关于中国学生体质健康调查若干具体问题的通知》，开展了全国学生体质测试。1988年《关于中国学生体质与健康研究公报》颁布，并逐步形成每五年一测的全国学生体质监测惯例，从那时起，全国范围内的学生体质监测已进入制度化的管理模式。然而，在随后进行的五年一次的全国体质健康研究报告中发现，直到2005年中国学生的身体健康状况持续下降。由此学生的体质健康问题被发现，并受到国家和社会公众的高度关注。

1990年，大中小学的学生体育合格标准的具体实施办法出台。1992年，颁布了《全国普通高校体育课程教学指导纲要》，进一步指导了高校体育教学的规范化。1993年《国家体委关于深化体育改革的意见》进一步明确了学校体育工作的重点是提高学生的体质健康水平。1995年，颁布了中华人民共和国体育领域唯一官方正式法律文本《中华人民共和国体育法》，其中对学生参加体育锻炼进行了明确规定，中国体育工作已进入法制化道路。

2001 年《基础教育课程改革纲要（试行）》《全日制义务教育　普通高级中学体育（1～6 年级）体育与健康（7～12 年级）课程标准（实验稿）》和 2000 年《全国普通高等学校体育课程教学指导纲要》正式颁布。2001 年《关于实施"全国中小学生课外文体活动工程"的通知》也正式发布，每天锻炼一小时活动正式展开，体育、艺术 2＋1 项目也正式被提出并得到极大推广。2002 年《关于进一步加强和改进新时期体育工作的意见》提出后，提高学生的健康水平成为国家体育工作的核心内容之一。同年，全国范围内实施了《学生体质健康标准》。2005 年，为了继续促进学生参加体育活动并保障学生的基本权益，教育部、国家体育总局发布了《关于落实保证中小学生每天体育活动时间的意见》。2006 年，能够极大增强学生体质健康水平发展的阳光体育运动正式发布，阳光体育的发布，在全国范围内的学生群体中带动起了积极参加体育运动的氛围，这个时期我国各级部门已经将增强学生体质健康水平作为学校体育的核心组成部分。对学校体育工作发展树立健康第一、增进体质起到重要的导向作用。

这一阶段颁布的与学生体质健康促进相关的政策如下（表 3-2）：

表 3-2　发展阶段颁布的学生体质健康促进政策

年份	颁布机构	相关政策
1979	国家体委	《中小学学校体育工作暂行规定》
1982	国家体委	修订《国家体育锻炼标准》
1987	教育部	《全日制中小学体育教学大纲》
1990	国务院	《学校体育工作条例》
1992	国家体委	《中小学生体育合格标准实施办法》
1993	全国人大	《中华人民共和国体育法》
1995	国务院	《全民健身纲要》
1996	教育部	《中共中央　国务院关于生化教育改革全面推进素质教育的决定》
2001	国务院	《关于基础教育改革与发展的决定》
2002	教育部	《国家学生体质健康标准》
2005	教育部、国家体育总局	《关于进一步加强学校体育工作切实提高学生健康实质的意见》
2006	教育部、国家体育总局、共青团中央	《关于开展全国亿万学生阳光体育运动的通知》

(四) 发展与完善阶段 (2007年至今)

2007年学生的体质健康工作受到了党和国家的高度重视。全社会各级各类学校开始深入开展阳光体育运动，加强学校体育建设。2008年国家发布了《中小学体育监督评估指标体系（试行）》，并提出了确保学生每天锻炼一小时的具体要求。它进一步保护了学生参与体育活动，促进学生体质健康良性发展。

2010年国家发布了《国家中长期教育改革和发展规划纲要（2010—2020年）》，对教育体育工作提出了新的指示、确立了健康第一的指导思想，并以增强学生体质促进学生健康发展为主要战略。2014年，颁布了《学生体质监测办法》《中小学体育评价办法》《学校体育工作年度报告办法》等体质健康测试的一整套流程正式确立，这对了解学生体质健康水平发展具有重大作用。在此基础上总结以往经验并结合实际发布了《国家学生体质健康标准（2014年修订）》，更加完善了学生体质健康监测的一系列流程和标准。2016年颁布《青少年体育"十三五"规划》以增强学生体质、促进学生参与体育锻炼为根本目标。2018年体育总局、教育部等七部门联合颁布《青少年体育活动促进计划》，计划提出六个发展目标、七项主要任务，以吸引更广泛的学生参与体育活动，促进学生身心健康、体魄强健。

这一阶段颁布的与学生体质健康促进相关的政策如下（表3-3）：

表3-3 发展与完善阶段颁布的学生体质健康促进政策

年份	颁布机构	相关政策
2007	国务院	《关于加强青少年体育增强青少年体质的意见》
2010	国务院	《国家中长期教育改革和发展规划纲要（2010—2020年）》
2011	国家体育总局	《青少年体育"十二五"规划》
2014	教育部	《国家学生体质健康标准（2014年修订）》
2018	教育部、国家体育总局等部门	《青少年体育活动促进计划》
2019	国务院	《国务院关于实施健康中国行动的意见》

二、我国学生体质健康促进政策

近年来，随着学生身体健康状况的不断下降，国家对学生健康的关注也越来越多。已经颁布了许多促进学生体质健康的政策。这些政策从学校到家庭再到社会，从各个方面关注学生体质健康发展。"少年强则国强，少年智则国智"促进学生体质健康发展直接关系到中华民族伟大复兴。随着 2005 年全国学生体质健康调研的公布，我国学生体质健康逐年下降的现象愈加明显，遏制青少年体质下降，增强学生体质健康是我国将要面临的一个重大问题。党和国家高度重视，出台了许多有效的政策法规来切实引导学生积极参加体育锻炼，促进学生全面健康成长。

2006 年教育部、国家体育总局和共青团中央决定在 2007 年在各级各类学校中大力开展阳光体育运动，并联合发布了《关于开展全国亿万学生阳光体育运动的通知》，要求各级教育体育行政部门把开展阳光体育运动作为推进素质教育的工作重点，作为增进全体学生体质健康的重要途径，加深对体育的认识，形成全员参与的良好锻炼风气。同时以"达标争优、强健体魄"为目标，使 85% 以上学生能够做到每天锻炼一小时，掌握最少两项运动技能。开展阳光体育活动要以《国家学生体质健康标准》为基础，完善体质健康测试检测体系，测试成绩要记入学生素质报告书，初中以上学生要记入档案作为毕业、升学的依据，定期通报各地学生体质健康的测试结果；开展阳光体育要与体育教学及课外活动相结合，不断提高教学质量，规范办学行为，课外活动积极配合体育课教学，保障学生每个学习日有一小时体育锻炼时间，积极组织实施"全国中小学课外文体活动工程"，倡导大课间形式的体育活动，创建中小学快乐体育园地，加强学生体育社团和俱乐部的建设，丰富学生课内外体育活动内容；开展阳光体育运动要营造良好的舆论氛围，通过多种形式宣传推广阳光体育运动，使阳光体育的概念深入人心，唤起家庭和社会对学生体质健康的关注，促进阳光体育运动开展。

2007 年中共中央、国务院以迎接 2008 北京奥运会为契机，为进一步增强青少年体质颁布了《关于加强青少年体育增强青少年体质的意见》（以下简称《意见》），《意见》指出根据近期体质健康检测显示，学生体能指标下降严重，肥胖比例明显增加，这些问题不加以解决将严重影响国家民族的未来，体育运动对学生思想品德、智力发育、审美素养的形成有不可替代的作用，各级各类学校应高度重视学生体育工作，锻炼发展学生的各项身体素质，以健康第一的指导思想为学生体育工作的总要求，坚持不懈地推动学生体育运动的发展，提升学生乃至全民族的身体健康素质。《意见》要求根据学生体质健康标准指标评价体系，建立初中毕业升学体育考试评价制度，逐渐加大体育成绩在综合素质评价和中考成绩中的占比。同时继续深入开展阳光体育运动，根据学生的年龄、性别、体质状况指导学生有计划、有目的、有规律地进行体育锻炼。切实减轻学生过重的课业负担，各级教育体育部门抓好落实确保学生每天锻炼一小时，保证体育课的质量，举办多种形式的体育运动会，加强体育安全管理，提高学生安全意识，指导学生科学安全地进行体育锻炼，加强学生在家庭和社区进行的体育活动，形成学校、家庭、社区三者合力共同促进学生体质的健康。

2011年国家体育总局正式发布《青少年体育"十二五"规划》，努力改善青少年体育教育，积极开展青少年体育活动，建立健全青少年体育组织网络，积极优化更新青少年体育设施设备。努力提高青少年体育公共服务水平，促进学生体育协调发展，完善学生体育政策体系。

2014年《国家学生体质健康标准（2014年修订）》从身体形态、身体技能和身体健康三个方面全面评估学生的身体健康水平。它是促进学生身体健康发展，鼓励学生主动锻炼身体的重要促进手段。本标准的实施有利于减轻学生、教师和学校检测工作的负担，避免教师不必要的重复工作，并帮助学生积极参加体育锻炼。这对实现体育课程总目标起到了很好的促进作用，同时保证了体育教学活动的顺利进行及优化了教育部门管理方式，对培养学生德智体美全面发展起到了良性影响。

在众多政策的共同努力下（表3-4），目前中国学生的身体健康状况呈现出积极的变化趋势。根据国家体育总局和教育部2015年公布的数据，截至2014年，学生体质健康调查和国家体质监测公报的结果显示，中国学生体质健康状况有了极大的改善，身高、体重等健康指数持续上升。由此可以看出我国学生体质健康政策在促进学生体质健康方面起到了良好的积极作用。

表3-4 我国学生体质健康促进政策

年份	相关政策	相关内容
2006	《关于开展全国亿万学生阳光体育运动的通知》	认真落实"健康第一"的指导思想，在全国亿万学生中掀起群众体育锻炼热潮，切实提高学生体质健康水平，进一步提高对体育的认识以"达标争优、强健体魄"为目标，与体育课教学、课外体育活动相结合，加强组织领导，营造良好的娱乐氛围
2007	《关于加强青少年体育增强青少年体质的意见》	进一步加强青少年体育、增强青少年体质，大量推进素质教育，培养中国特色社会主义事业合格建设者和接班人，高度重视青少年体育工作，认真落实加强青少年体育，增强青少年体质的各项措施
2011	《青少年体育"十二五"规划》	以增强青少年体质为根本目标，努力提升青少年体育素养，广泛深入开展青少年体育活动，完善青少年体育组织网络，积极改善青少年体育场地设施条件，努力提升青少年体育公共服务水平，促进青少年体育协调发展，健全青少年体育政策制度体系
2014	《国家学生体质健康标准（2014年修订)》	从身体形态、身体技能和身体素质三个方面综合评定学生的体质健康水平，是促进学生身体健康发展、激励学生自主进行身体锻炼的教育手段。测试项目：身高体重、肺活量、50米跑、坐位体前屈、1分钟跳绳、1分钟仰卧起坐、50米×8往返跑、立定跳远、1000米（男）/800米（女）跑

第二节 学生体质健康促进决策与设计

一、学生体质健康发展的决策特征

（一）决策的目标导向更加科学

"劳卫制"时期的体质健康工作目标，是让人们为生产劳动和保家卫国做好相应的准备。尽管这符合当时准备持续战争的国情需求，后继也针对各省区具体情况进行了修订，但体质健康从属于战备手段必将导致工作重心转移。《国家体育锻炼标准》时期的体质健康工作，更多的是对人们的身体素质和运动能力作出评判。尽管只在"劳卫制"达标的基础上划分了优秀、良好和及格三个测验标准，并采用综合评分方式替换了原来的单纯达标方式，但体质健康停留在整齐划一的运动评价层面。《国家学生体质健康标准》对学生体质健康的评价则涵盖了身体形态、身体机能、身体素质和运动能力等方面，并在绝对量化评价的基础上融入了一定的个体加权评价。全面发展的大健康观决策目标导向激励学生更积极地投入身体锻炼活动中去。

（二）决策的对象人群更加精细

在"劳卫制"和《国家体育锻炼标准》施行时期，我国体质健康决策所面向的对象是全体社会人群，这虽然便于宏观统筹和属地统辖，但对体育锻炼中最具可塑性和决定性的学生群体却未加以侧重。当前，专门针对学生体质健康发展的《国家学生体质健康标准》从早期就开始实行，到现在已经很多年，后来又再次修改发布的《国家学生体质健康标准（2014年修订）》也已经实施到位。尽管《国家学生体质健康标准》在制度框架和管理运行上仍从属于《国家体育锻炼标准》，但其制度方法、指标体系、测量评价和运行模式早已自成系统。决策对象由全体人群细化到学生群体，这是决策目标精细化的具体表现，对推动目标人群的体质健康工作必将产生积极的推动作用。

（三）决策的形成过程更加审慎

"劳卫制"在我国的推广更像是拿来主义。在全面学习苏联的背景下，国家派出考察团学习苏联"劳卫制"并草拟了实施方案，并且在没有经过官方系统试点的前提下就在全国范围推行和实施。由于其忽视了决策方案的可行性和针对性，不可避免地为后继工作带来诸多变数。为此，《国家体育锻炼标准》的决策过程则相对严谨。国家体委、教育部、共青团中央、卫生部等多部门以全国范围内的大量调研工作为依据，制定并实施了我国第一个针对学生体质健康的测验标准。但客观来讲，这更像是对前序工作的改革创新，虽然经过大量调研，但同样没有经过系统的试验。而《国家学生体质健康标准》从2002年发布试行方案通知到2007年颁布正式标准，其整个试行方案就分区域、分阶段和分层次地试行了五年，然后才在总结全国试行经验的基础上修订和颁布正式版本，可见其决策形成过程更加审慎。

二、学生体质健康的决策步骤

决策是指组织或个人为了达到某种目的，通过识别并解决问题，以及利用机会和创设可能，而对未来一定时期内有关活动的方向、内容及方式进行选择或调整的过程。决策的基本原则是获取最满意而不是最优方案，故决策的发展常常具有显著的时代特征。

区县教育行政部门直接从政府行政层面统辖着区域教育的各项具体工作，它不但是负责执行国家教育方针政策的重要节点，还担负着区域学生体质健康的决策职责。其行政决策以国家权力作为坚强的后盾，体现着国家的意志和利益，具有至高无上的权威性和普遍的约束力。行政决策约束范围比其他任何管理决策都要广泛和全面，要发挥行政决策的积极效应就必须保证决策的正确性，以避免消极影响。区县教育行政部门的决策程序一般包括以下几个环节。

（一）发现问题并确定目标

发现问题和确定目标是行政决策的开始。问题来自预期目标和实际状态之间的差距，而发现和识别这些差距并最终确定决策问题是行政决策最基本的工作。首先，通过调查研究，对工作现状进行全面掌握并从中发现问题。其次，对存在的问题进行分析、归纳、整理，从而确定问题是属于一般的系统问题还是关键的决策问题。及时准确地发现问题是正确进行决策的首要环节。在通过调查分析找到问题后，政府的有关教育部门或单位应该及时针对问题进行商讨，确定达到什么标准，再定下最后的决策目标。确定决策目标是科学决策的重要环节，它是后继全部决策方案设计制定的基础。行政目标或方向出现问题，则必然导致行政决策出现偏差，也就无法达到行政管理最开始想到的目标。所以，教育部门在制定目标时态度一定要严谨，要有科学根据。

目标是在科学预测的基础之上，在特定环境和条件下所要达到的结果。教育行政部门要发挥决策效能，则其制定的决策目标必须具备明确性、合理性和科学性。首先，经过科学调研使目标具有可操作性。高不可及或无须努力的目标都不具有现实意义和操作价值。其次，行政目标的含义要清晰明确，内容要具体翔实。如果目标含义抽象含糊，模棱两可，甚至可以做多种理解和证实，那么整个目标不可能被当作展开行动的由来和进行评判的指标。另外，这个目标在结构上也要保持合理性。行政决策往往是高层次、大范围和综合性的多目标复合决策，因此要运用系统方法确定合理的目标结构，确定并且区分目标的主次关系、层次关系和制约关系。在具体的操作过程中，可根据需要进行目标分解和解读，以更好地指导具体的实践工作。

（二）拟定备选的解决方案

在明确了行政目标后，教育行政部门就要组织拟定可供选择的解决问题和达到目标的各种可行方案，这是进行科学的行政决策的基础。由于可供选择的各种备选方案的质量，在很大程度上影响和制约着行政决策的质量。因此，一项行政决策至少要有两个及以上的备选方案。若备选方案不足则无法进行比较，也就没办法对方案进行甄别择优。为了便于比较和选择，备选方案的拟定需兼具科学性和差异性。

①备选方案的拟定必须在决策目标的统辖下，按照行政决策目标的具体要求展开。

②备选方案之间应具有比较明显的差异性，过于相近的方案不利于比较和选择。各种备选方案之间所采取的路径、措施和方法应各有特色，而不能大同小异。

③备选方案的拟定要具有创造性思维，能从不同的角度和途径大胆设想出各种各样的可能性方案，以保证备选方案的创造性和多样性。

在备选方案拟定后，教育行政部门就可以依据预定的目标及具体的结果，对各种方案科学性、合理性和可行性进行比较、权衡和筛选，从而选出最佳的备选方案。在进行方案评估时，要考虑以下两方面内容。

①要考虑方案的科学性。方案的拟定须有充分的科学依据和理论支撑，建立在个体经验基础上的方案往往不具有普遍意义。

②要考虑备选方案的可行性。方案实施所能达到的预期效果须与决策目标匹配，而且方案中还应包含对实施过程中可能出现问题的预防和应对。

备选方案的预期效果越靠近决策目标且方案拟定越全面详细，它就越有可能是相对优秀的备选方案。同时，还要关注备选方案的实施效果。优秀的备选方案往往能用最短的时间、最少的投入和最低的代价实现既定的目标，并给群体和社会带来最大化的实施效果。在进行方案选择时，一般同等效能下，最少投入的方案为先；同等投入下，能产生最大效能的方案为优。

（三）优化完善已选择方案

如果说选择最优方案是行政决策过程中的关键，那么对已选定方案的优化和完善则是整个行政决策的核心，这是教育行政部门的重要决策职责。相关的行政决策者要充分运用科学的决策理论，独立地使用职权进行方案定夺，并做好相关环节的具体工作。首先要制订方案优选的评判标准，比如，既有利于达到既定的决策目标，又能体现最大的社会效益和复合价值，同时又简单易行和便于操作等。如果没有明确的目标，那么方案的优选就变得无章可循。当然，最优方案只是在限定条件下相对于各种备选方案而言的，并不是方案固有的绝对属性。同时，各种备选方案往往各具所长又各有所短。因此，即便是已经选出来的最优方案，决策者也要在目标的统辖下参照其他方案加以必要补充、修改和完善。教育行政部门可以在必要时综合各种方案的优点，形成一个更符合实现行政管理特定目标的理想方案。

决策者还可以通过咨询措施，积极获取方案以外的补充意见。通过听取、分析和吸纳，利用咨询者提供的合理意见对方案做进一步完善。行政决策者在听取咨询意见时必须始终处于行政决策的核心地位，不能完全被咨询者所左右，更不可对优选方案进行全盘否定。可见，行政决策者如果不借助专家、学者和咨询者的意见，就很难制定理想的科学决策，也就无法成为一个成功的决策者。但若是在决策的时候只依靠专家和咨询者来控制，没有自己的决断力，依旧无法成为成功的决策者。当然，决策者也要根据决策目标的指向、决策对象的性质及决策要求的情况去选择合适的决策方式。一般性的简易问题可以实行个人决策，关键性的繁复问题则需要集体决策。最后，决策者在优化和完善方案时要做好两手准备，既要对优选方案进行科学预测，还要制订防范措施和应变方案，以免陷入被动决策局面。

（四）试点和检验决策方案

由于教育行政决策往往涉及众多复杂因素且影响广泛。因而除特殊情况外决策部门应该在全面实施决策方案前进行系统试点，通过局部试验来验证方案运行的操作性和可靠性。在选择试点的过程中，既要保证抽样的可操作性和可观察性，又要保证试点具有全局性和代表性，以使抽样试点更能代表整体。此外，还要保证试点具有较强的抗干扰能力，通过控制无关变量来确保试点结果的公正性和客观性。而决策方案在试点中的运行和实施，必须严格按照决策的方案执行和落实，不能随意调整和更改。除此之外，还应该在相同的条件下安排一个用于比对的组，通过比较之后，得出的结论才能比较科学。如果通过试点评价认定决策方案在试点对象的实施效果不但优于比对组且达到了决策的预期目标，那么就可以认为试点取得了成功，在总结经验后就可以进入全面的普遍实施阶段。而如果主客观条件发生重大变化，或者发现原来决策存在重大的失误，以至于必须重新进入决策程序和制定决策目标时，就必须进行"追踪决策"。

（五）实施决策和修正完善

行政决策的最后阶段是实施经过优选和完善的决策方案。决策方案的实施使得决策目标和价值得以具体展现，这是决策过程的重要部分。同时，决策的目标实现与成果取得还具有一定的过程性甚至是延后性，所有的目标不可能在短期内就全部实现。为此，决策者还要在方案实施中不断地跟踪调查和收集信息，并根据具体情况采取必要的措施去及时修正和完善行政决策。这能促进方案的实施和成效持续接近预期的决策目标，从而确保行政管理目标的顺利实现。

追踪决策是决策者在初始决策的基础上对已实施活动的方向、目标、方针和方案进行修正完善的一种决策。它具有回溯分析、非零起点、双重优化等特点。追踪决策在对原有决策的产生机制进行客观分析后，针对问题的发生过程查找具体原因，以扬弃方式确立新的有效对策，使追踪决策建立在可靠的现实基础之上。需要注意的是追踪决策不是从零开始的重新决策，而是在原有决策的基础上进行扬弃取舍和修正完善。相关决策者要积极吸取原决策中的合理因素用于新决策的完善，而不应对原决策采取全盘否定的态度。

三、学生体质健康的计划方法

计划是指为了实现决策目标而预先进行的行动安排。它通过在时间和空间维度上进行任务分解，以及选择实现决策目标的具体方式，从而保证组织活动具有良好的效能。计划的概念具有双层含义。它一方面是系列计划工作编制出来的结果，是指导行动、配置资源、评价效果的活动规则；另一方面它还是一个动态的活动过程，包括预测未来、确定目标、制订方案，并最终实现组织目标的管理过程。

同时，计划工作不但是组织、领导、控制和创新等管理活动的起点，还是管理活动的基本职能。它是组织内不同部门及不同成员之间的行动依据。为了确保制订的计划具有更高的合理性，并且在后续的实施过程中更加顺利，一定要秉持科学的态度。另外，即使在划分多个种类时根据的指标不一样，还伴随着不同的计划方式，但是在制订整个计划的时候依照的逻辑和顺序是差不多一样的，这为编制科学的计划提供了便利。

（一）确立组织目标

在决策之前，首先确立的就是目标，在接下来的筹划过程中也是首要明确组织活动的路径方向和期待结果。目标所起的作用主要是为所有人提供前进的方向，勾画了组织将来要实现的蓝图，另外还能当作检验成员实际工作的指标。制订一定的计划的关键作用在于从时间和空间两个角度对制订的目标进行分化，同时转变成为详细的操作步骤和程序，这样就可以很好地将人物安排给具体的部门和人员，从而也分化了总目标，使其变成很多具体目标，利于目标的实现。

计划是决策的开始，决策是计划的执行。故决策目标的主要作用是制定大方向，同时主要计划的作用是按照每一个小目标来实际执行，让每一个关键的部门都有具体的目标。总目标对下面的具体目标起总的指挥作用。各部门的长期目标又依次控制下层的短期目标。目标的分解与转化沿着时间和空间序列依次递进，从而形成了组织系统的目标结构和内容。目标结构描述了组织中各层次目标间的相互联系和协作关系。

（二）估计所处形势

计划是由当下情势达到预期目标的路径。在目标确定的情况下，客观认识和估计当下所处的形势成为影响计划合理性的关键。认清现在关系到计划的起点、步骤和方案，并据此寻求合理有效的目标路径。决策过程中的问题发现，实则也是建立在对当前形势的认识、了解基础之上。要认清所处形势，首先要有视野宽度。将组织、部门置于更大的系统中去分析，有利于在对象范畴界定的基础上发现其关联因素，从而更加客观地评价当前基础。同时，还需要具有一定的观察深度，要能够从过去发生的实践中得到启示和借鉴。尽管事物的发展未必具有稳定的惯性，但通过研究探讨其规律仍具有一定的参照意义。此外，还要有关注的广度。很多目标并非独立的组织内本体预期，有些目标是通过外部参照和比较对比才得以确定。这就需要动态分析估判发展环境、外部参照及组织自身随时空延展而可能产生的相应变化。

（三）明确前提条件

计划的前提条件就是实施计划时预期的内外部假设条件。它是对当前所处形势的认识和事物发展的估计。前提条件的准确性和适应性将会为计划工作的实施提供良好的运行环境，对前提条件认识越清楚、深刻，则计划工作越有效。而且，组织成员越是理解、认同和遵照计划的前提条件，则计划工作的执行就越协调顺畅。

由于计划的制订要早于计划的实施，且由制订到实施的间隔具有一定的不确定性，这就为前提条件的设立带来了一定的不可靠性。同时，由于计划范畴和时间跨度等原因，使得有些计划不可能准确估计过于长远的未来环境。这使得为计划将来环境的每个细节都作出假设变得不切实际，显然也没有这个必要。因此，前提条件仅限于那些对计划实施影响巨大且有重要意义的关键性假设条件。预测在确定前提条件方面具有重要价值，一般常用德尔菲法进行重大前提条件的预测。

（四）优选可行方案

由于计划主体的认知和能力各不相同，以及计划所需的环境和要素各有差异，使得实现某一目标的途径呈现出多样性，但实现目标的最理想路径只有一条。通过拟订可行性行动计划、评估计划和选定计划，能够更准确地找到那条最理想或最贴近理想的路径。

在拟订行动计划时，通常情况下要拟订多个计划以备替换。备用的计划越多，挑选的余地就越大，就更能达到预想的满意度，最后的实际操作中也就更有实际意义。所以在这个拟订过程中，一定要采取多方意见，参考相关的信息资料以及请专家进行指导，让计划具有多元性。

特别在看起来只有一种行动方案时更要积极寻求创新，因为看似唯一合理的方案往往是错误的，这容易让人放弃探索更好的方案。

然而，在现实工作中我们所面临的问题却并不是备选计划太少，而往往是可供选择的计划太多。这就需要相关人员通过审查和估算做好初步筛选，从而保留适量的可供选择的行动计划。在评价行动计划时，要认真考察每个计划的制约因素和不利之处，从定性或定量的角度来总体衡量计划的效果。

（五）制订主辅计划

在对各种可行性方案进行分析和评价时，有时可能会存在多个可取的方案，或者在多个方案中发现可取的亮点。在这样的情况下，管理者常常会选择多个方案作为最终的选定方案，并据此制订主要计划。拟订主要计划就是将所选择的计划内容用计划文本加以系统阐释，从而形成一项规范的管理文件。计划中要清晰地描述出原因、对象、地点、时间、人员和方法六方面内容。

在拟订主要计划后，还需制订相应的派生计划来支撑主要计划的实施。派生计划是主要计划在各部门中的解析和细化，由相关部门制订并成为指导部门具体工作的直接参照。派生计划与主要计划一起构成了计划的层级体系，使得组织活动能够按照预期计划得以有序实施。

（六）制定数字预算

在作出决策和确定计划后，计划工作的最后一步就是把计划方案转变成数字化的预算。预算是用数字形式勾勒出组织在未来某一特定时间内计划的预期结果，它是衡量计划执行情况的重要标准。为计划工作编制预算，既是为了计划的指标体系更加明确，也是为了更好地控制计划的执行。单纯以定性方式制订的计划往往在观测、评价与控制等方面难以把握，而过分定量的计划又可能因为缺乏缓冲机制而变得难于操作，为此在计划的制订过程中进行审时度势的预判显得尤为重要。

总体来讲，无论计划简单或复杂，规模细小或庞大，但计划活动的基本步骤是相近的，任何一个完整的计划都应该具备这些基本步骤。此外，计划工作中提出可行性方案、评价方案和选择方案这几个步骤，实际上也是决策的过程。可见决策是计划活动的核心。只有经过科学审慎的决策，才能制订出合理可行的计划。

第三节　学生体质健康促进反馈与评价

学生体质健康的评价与反馈，是指区域教育行政部门依据《标准》实施办法和考核评价制度对学校和学生进行体质健康评价，并将评价结果通过规定形式和适宜渠道进行公示公开和信息传达。这是《标准》实施办法明确提出的学生体质健康监测工作内容，是落实实施办法和体现文件精神的重要工作环节。通过评价和反馈能让学校认识到当前学生体质健康工作的成果和不足，对总结工作经验和调整工作部署具有参照意义。同时，它也能让学生了解到自身体质健康的状况和问题，对提升健康意识和《标准》认识具有推动作用。此外，学生体质健康的评价与反馈还有利于增进社会各界对学生体质健康工作的了解、重视和支持。

一、学生体质健康的评价

《标准》及《学生体质健康监测评价办法》《中小学校体育工作评估办法》《学校体育工作年度报告办法》等学生体质健康文件，明确规定了对学生、学校和区域学生体质健康结果的评价内容和标准。各级教育主管部门按照相关文件要求执行对所辖部门和人员的《标准》实施评价，是国家教育行政赋予各级教育主管部门的公权力。这既是教育主管部门的行政权力，也是必须执行的工作职责。然而，从当前《标准》实施评价现状来看，学生体质健康评价工作常常被忽视。

《标准》评价无论是作为学生评优评奖的条件，还是作为学校评估督导的指标，并没有得到严格执行和应有重视。在各级教育行政部门组织的《标准》抽测复核中，我们鲜见有区域或学校因为数据一致性问题被通报批评。从提出"一票否决"至今，似乎在公开媒介上从未看到过执行该评价处置的信息通告，而在学生评优评奖活动中对于《标准》实施办法的执行就更是千差万别。总之，对《标准》实施的评价工作仍有诸多不足，而这却是《标准》实施的重要内容，以及维系学生体质健康工作有序开展的基本保障。

（一）对学生体质健康监测的评价

学校要将体质健康测试情况作为学生评优评奖的重要依据，并严格执行《标准》的相关指标要求。目前教育部"学生体质健康网"提供学生年度的《国家学生体质健康标准登记卡》打印和下载。教师可以下载登记卡后进行汇总和计算，将数据按规定填进登记卡打印、签字盖章和存档。具体的办法是登录"学生体质健康网"数据上报平台，点击历史数据然后按年度依次下载数据。也可以通过 Word 软件的联合打印功能实现登记卡的批量打印。

此外，区域学生体质健康监测的组织机构还要充分发挥监督作用。区域教育行政部门可以指定学校的体育教研组长或数据统计员作为该校的学生评优评奖监察员，由他们负责本校学生评优工作的《标准》审查，并承担此项工作的岗位追责。在此基础上，再指定区域数据统计员依据各校历年的学生体质健康下载成绩，对区域层面的学生评优评奖公示进行审查复核。如果在审查过程中发现问题，监察员必须第一时间向相关部门提出情况反馈和信息通报，以便帮助职能部门及时制止不符合《标准》实施办法的问题。

（二）对学校《标准》实施的评价

区域教育行政部门必须将学校体育工作纳入对学校的工作评价，而且学校的《标准》实施工作须在学校体育工作评价中占重要比例。将学校的《标准》考评分值折合相应分数记入教育局对该校当年的考核成绩，并与学校评优和教师绩效等挂钩。例如，依据各校的《标准》测试自测成绩对该校的统计分进行计算，通过计算统计分来排定各校的年度考评分。某地以统计分"前 8 名或满分均得 85 分，常模（平均分）及以上其他学校均得 80 分，常模以下 1~6 名学校均得 75 分，常模以下其他学校得 60 分"的办法计算考评分。

另外，为了保证监测的学生体质数据更具有准确性，教育局又增加了抽测复核这个程序，并且由专人来执行这个步骤，让测试的结果更加客观可信。结合教育局抽测数据和学校的测验结果作为最终的评判标准，会让评价工作保持更多的客观性、公正性，让更多的师生加大对体质健康的关注度，从而促进该项工作的实施。

上述工作必须由教育主管部门设置相应岗位或者通过工作授权来具体完成。区域《标准》数据管理人员，在完成数据复核比对后，须按照诸如前例的考核办法对学校进行评价赋分以待年度考核。同时，还要按照相应工作程序对学校的《标准》上报数据进行审核。对达到数据复核标准的学校，须在数据上报平台上审核通过并提交更高一级数据管理部门审核。而对未达到复核要求的学校，须进行数据退回处理并告知后继处理意见，直至监测达标方可将新数据提交上一级审核。

二、学生体质健康的反馈

学生体质健康反馈是构成学生体质健康评价内容的基本部分，是使用学生体质健康评价结果的基本形式。以适宜方式对学生体质健康的结果、现状和问题向特定人群进行信息通告和情况通报，能够进一步落实和推进学生体质健康的评价进程和效能，对人们认识、理解和支持学生体质健康工作具有积极的推动作用。将学生的《标准》测试成绩和评价结果反馈给学生家长，能够让家长更加重视孩子的体质健康水平；将学校的《标准》监测结果和数据分析反馈给学校，能够让学校更有效地应对学生体质健康问题；将区域的《标准》测试数据和实施情况反馈给社会，能够让人们更准确地认识学生体质健康现状。

（一）学生《标准》测试成绩的反馈

将学生的《标准》测试成绩及时告知学生本人，不仅是学校维护学生知情权的责任所在，也是为了推动学生健康意识发展和锻炼行为转变。通过《标准》测试活动和成绩反馈，能够激发学生的荣誉感和上进心，促使他们以更积极的态度投入体育活动中去。测试是最有效的评价手段，而适当的成绩反馈能为评价提供助力。学生的自我认知、群体定位和竞争意识都能够在评价反馈中得到强化，从而推动他们的健康认知和体质发展。在学校《标准》测试时，常能看到很多不符合补测条件的学生在努力争取补测机会以提高成绩。只要加以正确引导，这些学生一定会有更好的表现。

通过素质报告书将学生的测试成绩反馈给学生家长，则能够让家长更客观地认识自己孩子的体质健康状况，有利于营造家校联动的健康促进氛围。尽管学生的学习成绩始终是家长对学生关注的重点，但随着社会发展，越来越多的家长也开始重视孩子的身心健康，只是他们缺乏对学生健康情况的必要了解和应对策略。只要通过适当途径将学生的体质健康情况向家长反馈，往往能够得到家长的普遍重视、关切和配合。

而将学生的《标准》测试成绩记入学生的成长记录袋或学籍档案之中，既能够让学生、老师和家长重视学生体质健康情况，还能够让后继的任教老师了解学生的体质健康发展历程。体育教师可以根据学生的体质健康发展情况，为学生制订更加具有针对性的合理体育锻炼方案。而且，这对于体育教师掌握免测生情况尤为重要。通过规范的档案材料，体育教师能够知晓学生免测的具体原因，便于进行后继免测处置和健康状况跟踪。

需要注意的是，无论学校通过何种方式对学生的《标准》测试成绩进行反馈，都不得泄露学生个体的信息和侵犯其个人隐私。对于学生隐私权和自尊心的保护，不仅要在测试过程中加以体现，还要在测试信息的公示和反馈中加以重视。将学生《标准》测试的身体形态、机能和素质数据进行排名公示，无论是否有学生或家长提出反对意见，这都是不恰当的反馈方式。当然，学校可以将《标准》测试优秀的学生进行张榜表扬，这是符合学生体质健康监测评价办法的积极举措。

（二）学校《标准》实施结果的反馈

教育部"学生体质健康网"数据上报平台即"国家学生体质健康标准数据管理与分析系统"，会为每所上报数据的学校提供最权威的《标准》测试结果统计与分析。该系统能够提供学校《标准》测试分性别、年级和项目的样本数、平均值、等级比和标准差等统计数据。这些统计报表和指标数据能让学校比较全面地掌握本校的学生体质健康概况，有利于学校准确分析和及时应对《标准》实施中存在的问题。当然，尽管该系统一直在持续改进和完善，但仍有些统计指标的参考价值不大。比如，全校学生身高、体重及 50 米等分项目的平均值，在各年级人数和评分标准不一致的情况下，这样的数值大小并不具有实质性的统计价值。为此，学校须对类似数据加以甄别，而不能与其他指标一概而论。

区域教育行政部门须将本地区重点学校的《标准》测试统计指标向学校反馈。比如，对学校学生测试及格率的控制要求。这些指标往往对于区域学生体质健康监测具有重要的战略意义，关系到当地的《标准》实施工作目标的达成，乃至上级的教育督导和审核评估的通过。为此，将区域重点学校统计数据反馈给学校，能够引起学校的进一步重视。但反馈内容应尽量与"学生体质健康网"形成互补而不是过多重叠，以避免重复统计和主次不分。同时，还要注意统计与反馈的数据控制。数据统计的目的是让决策者和行为参与者更好地了解和认识该项工作，它是一项目标控制下的行动，而不是单纯的统计学行为。为此，区域测试统计的指标不是越多越好，还要考虑统计反馈受众的认知接纳。为学校做《标准》测试重要内容的补充性反馈，是区域测试统计的工作重点。

此外，学校须将"学生体质健康网"和区域教育行政部门反馈的有关情况在校内进行公布。学校要按年级、班级、性别等不同类别在校内公布学生体质健康测试总体结果，中小学校要将有关情况向学生家长通报。让学生和家长更好地了解学校的《标准》实施和测试情况，以及全面评价学生在群体中的总体表现。

（三）区域《标准》监测情况的反馈

从目前的情况来看，高等学校新生入学体质健康测试的反馈工作比较系统、及时和规范，这可能与学校的扁平化管理和专业化机制有较大关系。同时，还有一个重要因素就是新生入学的体质健康水平与目前就读学校无任何因果责任，开展新生入学测试实则相当于第三方机构的专业测试。这些因素都是目前此项工作开展情况良好的客观条件。学生体质健康工作就是要充分利用这样的条件和因素，来积极促进《标准》的实施工作。

相对来讲，各级教育行政部门《标准》测试信息的发布情况，较之高等学校新生入学测试信息发布，远不够系统、及时和完善。区域教育行政部门除对所辖单位和学校进行考核性通报外，很少有专业化的系统报告和具体化信息通告。无论此项工作是作为制度执行、工作程序或是应尽义务，都显得有些过于随意和缺乏管控。特别是将区域《标准》实施和测试情况向社会的发布工作还远远不够。以往很多地区并没有统一规范的信息发布要求和渠道，即便有信息发布也多是以新闻报道的形式出现。这虽然能够迎合一部分社会受众的信息阅读习惯，但这样的形式仍缺乏必要的科学性和严肃性。除了仅有的吸引公众关注外，远没有达到信息发布、情况反馈及健康教育的应有作用。

由此可见，各级教育行政部门除了要将本区域《标准》实施情况在内部做好情况公告外，还要通过当地的电视、报纸和网络等官方媒体做好信息发布，并逐步形成操作制度和固定媒介，便于公众了解和监督本地区的信息发布情况。

第四章 学生体质健康监测体系

第一节 学生体质健康监测体系构建基础

一、学生体质健康监测体系构建的必要性

（一）学生体质健康监测已上升为国家战略性问题

学生是国家重要的人才资源，是祖国兴旺发达的不竭动力，是民族伟大复兴的希望，其拥有强健的体魄至关重要。然而，近几年，我国学生体质健康下降趋势仍未得到有效缓解，学生体质健康状况不佳成为学校亟待解决的问题，这一严峻形势引起党和国家领导人的高度重视，国务院办公厅把学生体质健康问题提到国家战略高度并作出重要决策，近几年连续颁布相关政策文件，从国家层面对学生体质健康监测工作进行宏观调控。其中，2014年，教育部印发"三个办法和两个标准"要求完善学生体质健康监测制度，各地教育行政部门和有条件的学校要支持设立学生体质健康监测、研究和服务机构，逐渐构建及完善专业化的体质健康测试、服务和研究人员队伍。

近几年国家颁布的关于学生体质健康监测工作的相关政策文件，无不在提倡实施学生体质健康监测的重要性，体质健康监测工作已成为全民关注的焦点，并上升为国家战略性问题。因此，为进一步提高学生体质健康水平、督促学生积极主动参加体育锻炼，保证学生体质健康监测的顺利开展实施，构建学生体质健康监测体系显得尤为重要。

（二）促使学生体质健康监测工作常态化、专业化、系统化

学生体质健康监测工作是一项比较复杂的系统工程，是一年一度校园活动工作的重点项目，需要学校自上而下、齐抓共管，才能保证其顺利开展，另外，学

生体质健康监测不仅工作量巨大，还要保证测试数据结果的真实性及有效性。对学生体质健康监测体系进行构建，有利于促使学生体质健康测试工作更加常态化、专业化、系统化。

首先，促使学生体质健康测试常态化，不仅有利于对学生体质健康测试数据结果进行及时的反馈指导和评价，促进各学校建立健全测试相关工作制度等，还有利于上级有关行政部门对测试工作进行重要决策、实时监督与宏观调控。其次，对学生体质健康监测体系的构建能促进学生体质健康测试工作实现专业化，其主要体现在以下几个方面：第一，测试数据结果的真实性和有效性是实施学生体质健康测试的关键所在，必须要加强测试工作人员的专业化以及测试场地、仪器设备的标准化；第二，要建立专业的测试人员队伍，熟练地运用更加先进、智能的测试仪器设备，并对测试数据结果作出科学、准确、及时的信息反馈与评价；第三，切实加强对学生体质健康的指导与干预力度，要求体育教师及医务人员能够针对不同学生的体质健康状况开具科学、合理、有效的运动处方，为学生提供专业化的锻炼指导与帮助，使学生在科学、有效、安全的前提保证下参与体育锻炼，一切为提高学生体质健康水平服务。最后，学生体质健康监测工作量巨大且操作较复杂，对学生体质健康监测体系进行构建，能够对各部门进行明确的分工，对测试运行过程进行合理的规划，对测试人员进行有效的管理等，使学生体质健康测试工作更加科学化、合理化、高效化。

（三）推动学生体质健康监测工作的快速发展

自《标准》颁布实施以来，为积极贯彻国家政策方针，学生体质健康监测工作在省教育厅主管部门的统一部署下，目前，学生体质监测站（教育厅负责）、点（各学校负责）设置到位，呈现稳步发展的态势。但美中不足的是缺乏比较统一和有效的体质健康监测相关规章制度，在实际的学生体质健康监测过程中并没有形成有序的、可操作性强的服务体系，并且在调查中发现，学生体质健康监测过程中存在种种比较突出的问题，难以保证学生体质健康测试的质量和效果，促进学生体质健康水平、增强学生体质的最终目标也难以实现。因此，构建学生体质健康监测体系显得尤为重要，它不仅能够解决学生体质健康监测中的部分问题，还能够使学生体质健康监测工作系统化，对推动学生体质健康监测工作的快速发展有着至关重要的作用。

二、学生体质健康监测体系构建的依据

学生体质健康监测体系构建的依据，主要表现在基础理论依据和现实依据两个方面。其中第一方面为体系构建的体育学、管理学等相关学科理论知识和《国家学生体质健康测试标准》相关内容，以及国家有关部门制定或颁布的相关的政策、法规文件等，即为基础理论；第二方面主要体现在体系构建的实践方面的内容，包含学生体质健康监测现状及存在问题和内外部分学生体质健康监测成功经验等，即为现实依据。

（一）学生体质健康监测体系构建的基础理论依据

学生体质健康监测体系的构建，本身就是一项比较复杂的工作，它既涉及体育学方面的内容，又关系到管理学等方面的内容，需要交叉学科来为其做理论支撑。除此之外，学生体质健康监测体系的构建需要对《标准》与新《标准》进行全面深入的解读，深入了解国家实施学生体质健康监测工作的总体要求与战略部署，使监测体系的构建更加科学、有效、与时俱进。另外，学生体质健康监测体系的构建更要以政策文件为基本导向，通过对国家颁布体质健康监测相关政策法规文件的解读及认识，从宏观层面上把控我国学生体质健康监测工作的动态发展与实施重点，了解当前学生体质健康监测动向，以便更好地构建学生体质健康监测体系，并使其实现科学化、高效化、常态化，真正完成"增强学生体质"和"提高学生身体健康水平"的使命。

（二）学生体质健康监测体系构建的现实依据

任何事物的发展都是一个循序渐进的过程，一切事物，只有经过一定的过程才能够实现自身的发展，才能实现由量变到质变的转化。当然，学生体质健康监测工作同样如此，只有认清现实状况，解决当前存在的主要问题，才能实现自身不断的发展。因此，学生体质健康监测体系的构建要以现实状况为依据，其主要包括以下两个方面：一方面，依据学生体质健康监测现状及存在问题，通过实际走访调查，对学生体质健康监测工作进行全方位、多角度、深层次的了解，发现存在的主要问题，认清当前现实状况，进而对学生体质健康监测工作进行整体把握；另一方面，借鉴内外部分学生体质健康监测成功经验，运用走访调查与资料

查阅相结合的形式，对内外部分学生体质健康监测工作开展较好的学校进行浅层次的调查与分析，为监测体系构建提供部分现实依据。对学生实施体质健康监测的最终目标是提高学生身体健康水平，增强学生身体素质，但在实际操作中会遇到不同程度的问题，进而影响最终目标实现的进程。而对学生体质健康监测体系的构建，本身就是为了解决在体质健康监测工作中遇到的部分问题。因此，它的构建必须要以学生体质健康监测工作的现实状况为依据。

三、学生体质健康监测体系构建的基本原则

原则是指说话或行事所依据的行为准则或标准，它既是事物客观规律的反映，又是人们主观行动的约定，因而可以说原则是主观和客观相统一的产物，任何活动都必须遵循反映自身规律的行为准则。学生体质健康监测工作是一种比较复杂的组织活动，也必须遵循一定的行为准则，并且，只有明确学生体质健康监测体系构建的基本原则，才能保证其能够满足学生体质健康监测工作的实际需要，才能解决学生体质健康监测过程中出现的各种问题。根据对目前学生体质健康监测工作现状及存在问题的分析，并结合专家老师的意见等，提出学生体质健康监测体系的构建应当遵循全面化、系统化、科学化、可操作化等几个方面的原则。

（一）全面化原则

体系的组成具有广泛性和多样性的特征，我们在选择构成体系内容时要全面、完备地寻求不同环境、不同层面的体系涵盖内容，这样才能多角度、全方位地描述、反映和揭示体系的整体状况，才能客观全面地衡量体系的可行性、科学性和有效性等。学生体质健康监测工作是由多因素构成的多层面的系统，同时受到不同因素的制约和影响，任何环节的疏漏都将直接或间接地影响学生体质健康监测的质量和效果。因此，学生体质健康监测体系的构建必须遵循全面化的原则，要能够真实、全面地反映学生体质健康监测工作的管理、运行、监督与评价等方面的整体状况，使学生体质健康监测工作成为一个有机的整体。

（二）系统化原则

学生体质健康监测体系的构建要遵循系统化原则，就是要把体质健康监测工

作视为一个综合系统,从整体化的角度,把体质健康监测的各个环节有机结合起来,相互协调、相互作用,使学生体质健康监测工作达到完整化、平衡化、常态化。只有这样,学生体质健康监测工作各方面的情况才能得到更加系统全面的反映,才能对整个学生体质健康监测工作予以分析和诊断,使体系的构建具有一定指导意义,进而提高学生体质健康监测工作的效果和质量。

(三) 科学化原则

科学化原则最重要的就是要以一定的客观事实为依据,要符合当前社会发展的需要。学生体质健康监测体系的构建应当遵循科学化原则,其主要体现在两个方面:第一,学生体质健康监测体系内容的构建要能全面、真实、有效地反映体质健康监测工作的整体情况;第二,要保证所收集数据处理与分析的准确性和真实性,只有这样,才能符合学生体质健康监测体系构建的科学化原则。

(四) 可操作化原则

体系构建的内容并不是越多越好,太过详细和复杂的体系涵盖内容反而会使实际工作更加烦琐,难以操作。因此,学生体质健康监测体系的设计必须遵循可操作性原则。一是要保证各项体系内容数据采集的可行性和来源的稳定性,以及计算的操作性;二是要保证体系内容数量的适宜性。体系内容的选择要充分考虑其在学生体质健康监测工作中所起的作用和重要性,尽量做到选择体系内容的精确性(控制数量和层次);同时,体系内容的精确更利于其工作效果评价活动的开展,以保证学生体质健康监测工作的效果评价及操作过程的经济性。

第二节 学生体质健康监测体系构建内容

一、学生体质健康监测体系内容的经验性预选

学生体质健康监测工作本身就是一项工作量大、时间跨度长且内容比较烦琐的系统工程,它包含多方面的影响因素,在实际的操作过程中任何一个环节的疏漏都将对学生体质健康测试的结果产生不同程度的影响,本研究探索构建学生体质健康监测体系就是要实现学生体质健康监测工作常态化、简单化、高效化,做

到各尽其能、各司其职。因此,如何构建有效的、全面化的、可操作性强的学生体质健康监测体系尤为重要。

通过详细了解学生体质健康监测的管理、运行、实施等过程,收集了大量的资料,为构建学生体质健康监测体系打下坚实的基础。经过以上一系列过程,初步形成了一个包含8个子体系、30项涵盖内容的学生体质健康监测体系,如表4-1所示。

表4-1 学生体质健康监测体系

	子体系	涵盖内容
学生体质健康监测体系	A 部门协调	A1 体育部
		A2 各院系
		A3 校医院
		A4 教务处
		A5 学工部
		A6 财务处
	B 人员参与	B1 学校领导
		B2 教师
		B3 学生
		B4 医务人员
	C 资金保障	C1 政府支持
		C2 社会援助
		C3 学校出资
	D 宣传教育	D1 教师培训
		D2 学生培训
	E 测试运行	E1 测试工具
		E2 测试指标
		E3 仪器操作
		E4 测试流程
	F 数据管理	F1 收集
		F2 分析

续表

	子体系	涵盖内容
学生体质健康监测体系	F 数据管理	F3 上报
		F4 归档
	G 效果评估	G1 评价目标
		G2 评价工具
		G3 评价指标
		G4 检查制度
	H 信息反馈	H1 成绩查询
		H2 口头指导
		H3 运动处方

由于第一次访谈是以比较开放的形式进行的，在与专家、老师等的交流过程中，并没有准确给出各子体系以及涵盖内容的表述方式和组成因素，初步构建的学生体质健康监测体系是根据个人的主观意向来描绘的，其代表性、精确性、全面性不能保证。为此，需要把初步构建的体系进行第二次回访，进而完成学生体质健康监测体系及涵盖内容最终的经验性预选。经过回访后，对相关结果进行统计汇总，主要有以下三个方面的问题：

①子体系划分不够准确，且需要归类。

②子体系内容方面有缺失，增加测试监督、学生健康指导等内容。

③涵盖内容语言表述不够准确，要能够充分代表二级体系内容，且要分清主次及先后顺序。

针对以上问题，深入了解学生体质健康监测工作，在此基础上，结合相关资料全面梳理并重新审视以及征求专家教授的意见与建议，对以上问题做如下调整：

①学生体质健康监测体系从两级体系修改为三级体系，其中一级体系为4个，分别为管理体系、实施体系、监督体系、评价与反馈体系，原有的子体系修改为二级体系。

②学生体质健康监测不同于测试，它需要有监督机制的存在才能完整，且在测试结束后，需要对学生进行健康指导，帮助他们进行科学有效的体育锻炼，这样才能起到促进学生体质健康水平不断提高的真正目的。为此，在原有的 8 个子

体系的基础上增加校内外监督、学生健康指导等内容共同组成二级体系。

③在涵盖内容的语言表述方面。首先,"教师培训""学生培训"并不能完全代表二级体系中的宣传教育,增加有关"网络宣传""新闻媒介"的内容。其次,在"测试运行"一栏,增加"组织形式""测试引导""教师辅助""学生成绩查询"内容,删除"测试工具""测试指标"内容,且根据实际的测试过程,进行先后排序。最后,在测试信息反馈一栏中,把反馈对象划分为五级,分别为,"校领导""院系领导""学生""学生家长""校医院"。

除以上说明之外,关于部分文字信息的改动,比如,"学校出资"改为"校方资助","收集""分析"改为"收集与分析"等,由于对体系的整体结构影响较小,暂不详细列出。在对问题作出修改后,最终完成对学生体质健康监测体系的经验性预选,形成包含 4 个一级体系,12 个二级体系,46 项涵盖内容的学生体质健康监测体系,如表 4-2 所示。

表 4-2 学生体质健康监测体系

	一级体系	二级体系	涵盖内容
学生体质健康监测体系	管理体系	人员参与	校院领导
			教师
			学生
			医务人员
		部门协调	体育部
			各院系
			校医院
			教务处
			学工部
			财务处
		资金保障	政府支持
			社会援助
			校方资助
		场地器材管理	更新换代
			日常维护

续表

一级体系	二级体系	涵盖内容
学生体质健康监测体系		
实施体系	宣传教育	网络宣传
		新闻媒介
		教师培训
		学生培训
	测试运行	组织形式
		测试流程
		测试引导
		教师辅助
		仪器操作
		学生成绩查询
监督体系	校内监督	校院齐抓共督
		教师监管
		学生自律
	校外监督	家庭、社会监督
		省教育厅抽查
		教育部抽查
评价与反馈体系	数据处理	收集与分析
		上报
		归档
	测试效果评估	评价目标
		评价工具
		指标
		奖罚制度
	测试信息反馈	校领导
		院系领导
		学生
		学生家长

续表

一级体系	二级体系	涵盖内容
学生体质健康监测体系	测试信息反馈	校医院
评价与反馈体系	学生健康指导	医务人员
		体育教师
		运动处方库

二、学生体质健康监测体系内容的专家筛选结果与分析

经过前期的广泛收集材料及回访，并对体系内容进行合并处理及调整，如表4-3所示，最终整理为一个包含4个一级体系，12个二级体系，46项涵盖内容的学生体质健康监测体系。以表4-3为基础，把各级体系内容设计到专家调查问卷中，运用德尔菲法进行两轮专家问卷的调查统计。

表4-3 预调查筛选以及重新调整后形成的正式调查
——学生体质健康监测体系结果一览表

一级体系	二级体系	涵盖内容
A1 管理体系	B1 人员参与	C1 校院领导；C2 教师；C3 学生；C4 医务人员
	B2 部门协调	C5 体育部；C6 各院系；C7 校医院；C8 教务处；C9 学工部；C10 财务处
	B3 资金保障	C11 政府支持；C12 社会援助；C13 校方资助
	B4 场地器材管理	C14 更新换代；C15 日常维护
A2 实施体系	B5 宣传教育	C16 网络宣传；C17 新闻媒介；C18 教师培训；C19 学生培训
	B6 测试运行	C20 组织形式；C21 测试流程；C22 测试引导；C23 教师辅助；C24 仪器操作；C25 学生成绩查询

续表

一级体系	二级体系	涵盖内容
A3 监督体系	B7 校内监督	C26 校院齐抓共督；C27 教师监管；C28 学生自律
	B8 校外监督	C29 家庭、社会监督；C30 省教育厅抽查；C31 国家教育部抽查
	B9 数据处理	C32 收集与分析；C33 上报；C34 归档
A4 评价与反馈体系	B10 测试效果评估	C35 评价目标；C36 评价工具；C37 评价指标；C38 奖罚制度
	B11 测试信息反馈	C39 校领导；C40 院系领导；C41 学生；C42 学生家长；C43 校医院
	B12 学生健康指导	C44 医务人员；C45 体育教师；C46 运动处方库

第三节 学生体质健康监测体系的运行机制

所谓运行机制，是指在人类社会事物有规律的运动中，影响这种事物运动的各环节、各因素的组织结构、功能、作用及其相互关系，以及这些环节、因素等产生不同程度影响、发挥其主要功能的作用过程、原理及其运行的方式。学生体质健康监测体系的运行机制，是指要充分发挥和利用构成学生体质健康监测体系的各子体系及其涵盖内容的功能、作用及其相互关系，建立并完善相关制度和运作方式，以及各环节、各要素之间相互关系的总称。其主要目的是使体系能够达到最优效果，发挥其最大作用。

一、整合机制

学生体质健康监测体系的构建需要政府、社会、学校等有关部门共同努力。但如何发挥和利用政府、社会、学校等各个层面的资源和力量，加快学生体质健康监测体系的构建，实现学生体质健康监测工作的科学化、规范化、制度化、常态化，需要建立一个科学的资源整合机制，通过对不同来源、不同层次、不同结构、不同内容的资源进行识别、整理分析和有机融合，使其发挥出最大的价值功能和作用。

二、协作机制

学生体质健康监测工作是每年学校工作中的重点，是一项复杂的系统工程，需要全校师生共同参与，涉及学校众多部门，主要有体育部、各院系、校医院、教务处、学工部（学生处）、财务处等。其特点是比较复杂、烦琐、参与人员多且持续时间较长。因此，为了学生体质健康监测工作能够顺利实施开展，提高工作的积极性和效率，实现各部门之间联动作用，协作机制就成了必不可少的保障。其中，以体育部门作为协作的中心点，是政策和制度的直接实施者，发挥基础作用，其他部门作为间接实施者，发挥后备和保障作用。另外，要明确各部门的职能与作用，加强各部门之间联动，共同为学生体质健康监测工作服务。

三、激励机制

激励机制是其在组织系统中，激励主体运用多种激励手段措施，使之规范化和相对固定化，并与激励客体相互作用、相互制约的结构、方式、关系及演变规律的总和，是通过特定的方式方法与管理体系，将人员对组织及工作的效率最大化的过程。对于学生体质健康监测体系来说，有效地激励机制能够提升测试工作人员及学生参与测试的主动性和积极性，通过学生体质健康测试工作评估后的奖罚制度、效绩考核和荣誉酬劳等，使测试人员及学生的期望值水平最大化，保证学生体质健康监测体系能够顺利、有效的实施。

四、保障机制

保障机制是为管理活动提供物质和精神条件的机制。对于学生体质健康监测体系而言，其物质和精神条件主要包括四个层面，分别是政府、社会、学校和家庭层面。因此，建立政府、社会、学校、家庭"四位一体"的保障机制显得尤为重要。所谓"四位一体"就是在以促进学生体质健康为前提下，以政府颁布实施政策文件为精神导向，以社会、家庭的监管和资助为物质基础，以学校负责具体实施为关键的保障机制。基于此，对学生体质健康监测体系提供全方位的协同补偿保障措施，以保证学生体质健康监测工作向良好的方向发展。

第四节　学生体质健康监测体系优化策略

一、自上而下协同配合，加强各部门之间联动

学生体质健康监测工作需要学校不同部门和人员共同参与完成，是每年学校工作中的重点项目之一，因其是面向全体在校学生，所以，实际的工作量比较大，且整个过程持续的时间也比较长。因此，如何提高学生体质健康监测的工作效率是顺利完成监测任务的关键所在。一般来说，学生体质健康监测工作的参与人员应该由校院领导、体育教师、学生和其他学校工作人员等共同组成，参与部门应该由体育部、各院系、校医院、教务处等共同组成，但实际情况是参与人员以体育教师为主，参与部门以体育部（体育院系）为主，参与人员及部门有失均衡。因此，学校要鼓励不同岗位的在校工作人员参与到学生体质健康监测工作中，要求他们在完成自己本职监测工作任务的同时相互协作配合，通过自上而下的协同配合，提高工作的效率。另外，学校其他部门也应积极参与到学生体质健康监测工作中来，要加强各部门之间的联动，以保证学生体质健康监测工作能够准时、高效地完成。

二、完善机构设置，加强资金保障

学生体质健康监测不仅是让学生按照《标准》的要求进行体质健康测试，还包括对学生体质健康测试的监督、评估与反馈等，它的最终目的不是对学生进行测试，而是借助体质测试的手段对学生体质状况进行评价与反馈，通过对学生进行科学的健康指导，以促进学生体质健康水平。对学生体质健康监测机构设置进行完善，要求各学校都要建立学生体质健康监测中心，对学生体质健康进行实时监控。加强资金保障，首先，要加大对学生体质健康测试专项经费的投入，除了必要的工作补贴之外，要增加对仪器设备更新换代、场地设备维护以及机构建设等的经费比例；其次，资金来源方面，政府要加强对学生体质健康测试的扶持力度，社会要为学生体质健康测试提供部分资金援助，学校要增加对学生体质健康监测资金投入的比例，共同为体质监测资金提供必要的保障。

三、提高宣传培训力度，规范测试场地仪器

学校要提高对学生体质健康测试的宣传和培训力度，首先，需要加强学校及院系领导和相关教师对学生体质健康测试的认识程度，学生进行体测不仅是体育教师的事情，更是需要全校师生共同重视并认真完成的事情；其次，要充分利用网络媒介等现代化信息传播工具（如手机、电脑等），让学生通过多种途径了解体质健康测试相关文件、手册等，提高对测试的认识；再次，辅导员和体育教师同样要重视学生体质健康测试，通过集体会议和体育课的正确引领，使学生真正认识到体质健康测试的重要性，了解实施学生体质健康测试的真正目的，进而认真对待体质健康测试的每个环节；最后，学校要注重建立健全学生体质健康测试培训制度，有计划地定期组织学生及测试工作人员参与培训，让学生体质健康测试工作朝着更加科学化、高效化、专业化的方向发展。

对学生体质健康测试而言，充足的场地和器材是保证测试正常进行的前提条件，但测试场地仪器的规范性更是保证测试结果是否准确、科学、有效的关键所在，关系到整个测试过程的成败。因此，相关政府部门应统一制定学生体质健康测试仪器的质量和标准，对于不规范的仪器坚决抵制，另外，学校要建立固定的测试场地，对测试的场地仪器实施定期的维护与更新换代。

四、健全测试监查制度，落实到政策法规

《标准》实施办法中规定，各地教育、体育行政部门对本地各级各类学校实施学生体质健康测试的情况，要认真进行检查监督，并做定期抽查，对检查数据结果进行评析与反馈，对于表现突出的工作单位给予奖励及表彰，反之，对有弄虚作假、徇私舞弊，情节较轻者，及时给予批评教育，情节严重者，给予行政处分。

目前，学校的学生体质健康监测工作主要是以完成体质测试和数据上报为主，而对于促进学生体质健康发展不能及时给予科学的评价指导和有效的干预，更多的仅仅是为了应付上级行政部门下达的学生体质测试任务。另外，如果学校整体测试数据达不到国家的要求，则取消其当年的评优评先资格。为此，有部分学校为了达到国家学生体质健康测试的要求，在测试过程中存在徇私舞弊的现

象，并且对测试数据结果的上报进行造假。为改善这种现象，各级政府及各地市教育行政部门应该加大对测试数据虚假上报的严查，增加抽查的范围和力度，制定相关政策文件，健全学生体质健康测试监查制度，确保测试数据的真实性；各校领导加强对学生体质测试的监管与检查，积极督促学生认真对待体测的每个环节，对违反纪律的教师和学生进行严惩和教育，保证学生体质健康测试数据结果的真实性和有效性。

五、加强测试效果评估，注重学生健康指导

测试效果评估和学生健康指导同样是学生体质健康测试的重要环节。《标准》实施的主要目的是激励学生积极进行身体锻炼，促进学生身体健康水平，并不是为测试而测试。及时对学生体质健康测试数据结果进行评价与反馈，有助于清晰地看出学生之间的个体差异以及学生自身体质健康状况，有利于通过体质健康测试督促学生积极主动参与体育锻炼，进而增强体质。

目前，部分学校并没有在学生体质健康测试后给予及时的评价与反馈，大部分学校只是为学生提供测试报告，只有少部分学校会对学生的测试数据结果进行指导与干预，且所开具的运动处方的科学性、专业性及有效性难以保证，构建学生体质健康测试反馈评价与信息咨询系统的情况也并不乐观。因此，在以后学生体质健康测试工作中，加强测试效果评估，建立健全校园学生体质健康评价咨询系统，重视对测试数据结果的应用，给予学生及时的评价与反馈；注重对学生体质健康的指导与干预，体育教师及医务人员要积极主动学习与运动处方相关的专业知识技能，选用比较科学合理的运动处方，以达到科学、有效提高学生体质健康水平的目的。

第五章 学生体质健康促进管理创新

第一节 学生体质健康促进管理机制

一、学生体质健康促进管理机制的构成

体质健康的学生是习近平总书记在新时期提出中国梦的人才保障，学生体质健康的好坏直接影响着国家未来中坚力量的工作健康状态。本文分别从宏观机制、中观机制、微观机制三个角度，来分析学生体质健康管理机制的构成。三种机制如机械内部的三种不同大小型号的齿轮紧密联系在一起，相互作用、相互影响，这种轮盘式的管理机制牵一发而动全身，其中每一环节都是不可或缺的重要组成部分。

（一）宏观机制

宏观机制是指从国家政府层面出发，对各个层级、对象进行协调管控，有效地将各组织、各部分之间串联起来，通过建立标准、制定措施、综合评价等手段，发挥其在整个管理机制中的主要引导作用。

在宏观管理机制方面，我国的学生体质健康管理机制较为传统，呈纵向式管理机制，即实行"国家—地方—学校"的三级管理机制，教育部设全国学生体质健康监测中心、省级教育行政部门设检测站、市级教育行政部门设检测点。2004年，教育部通过并出台了《国家学生体质健康标准》实施办法，其中明确指出《国家学生体质健康标准》的实施是在教育部、国家体育总局的领导下，由各级教育行政部门管理，体育行政部门指导，学校组织实施。

在宏观监测机制方面，按教育部通知要求，全国各级各类学校每年要将本校各年级测试数据，通过中国学生体质健康网（www.cshedu.cn），报送至教育部"国家学生体质健康标准数据管理系统"，上报数据的时间为每年9月1日至10

月 31 日。同时，教育部还会每年对各省（市、自治区）实施《国家学生体质健康标准》的基本情况和教育部直属院校本科新生的测试数据结果，按生源所在地进行统计，并以省、自治区、直辖市为单位进行公布。

（二）中观机制

中观机制涵盖于宏观机制内，较宏观机制详细具体，多指在国家政府领导下的行政单位，对自身属性管辖范围进行管理监督，对同级部门、单位进行沟通互联，主要起承上启下的协调作用。

在中观管理机制方面，在我国三级管理机制的纵向管理下，市级教育行政部门成立了专门的机构与领导小组，设专人负责，实行岗位责任制。同时，教育和体育行政部门分工合作，教育部门负责师资培训、组织测试、数据统计等工作，并在经费和器材方面给予保障；体育部门负责指导、辅导、协调、监督和统计资料等工作。

在中观监测机制方面，教育部明确了各地教育行政部门在体质健康实施过程中的权利和职责，要求各地教育、体育行政部门对本地各级各类学校实施《国家学生体质健康标准》的工作进行监管。在《国家学生体质健康标准》实施办法中，还明确规定了要将《标准》的实施情况纳入各级政府教育督导内容和评估指标体系，并作为对各级各类学校进行评优、表彰的依据，对弄虚作假、徇私舞弊者，给予通报批评，情节严重者，给予行政处分。

（三）微观机制

微观机制与宏观机制是辩证统一的，微观机制的好坏直接影响并制约着宏观机制运行，宏观机制的建构又引导着微观机制运行的方向，微观机制与微观机制之间因构成要素的不同又具有个体性差异，微观机制是宏观机制最基本的组成部分，具有关键性的基本作用。

在微观管理机制方面，各学校因学校地域、财政等方面因素，或多或少都存在一定的差异，不过大多都是在学校分管校长的领导下，由学校体育部门（教研室）牵头，在教务部门、校医院、院系协助下，对体质测试工作进行协调分工，来完成体测任务。学校领导主要负责体质测试工作的领导与协调；学校体育部门（教研室）负责体质测试前期场地的规划与选取、器材的操作与维护、人员的培训与管理，测试过程中的管理与指导，测试后期数据的整理分析与上报；教务部门与院系辅导员主要负责对测试学生的通知与组织，提供测试学生名单与学号等；校医院（医务室）派出校医在体质测试现场配合测试人员应对测试学生的突发状况，保证体质测试安全而有序地进行。

在微观监测机制方面，各地学校多以完成体质测试任务，上报体质测试数据，完成教育部任务为主，部分学校还会成立专门的测试机构来指派专人负责，少部分学校会在测试数据整理完毕后，向学生提供体质测试反馈，让其了解自身体质状况如何，为其制定符合其体质状况的运动处方，以对其体质进行健康干预。

二、学生体质健康促进管理机制的特征

（一）行政分级

我国政府以行政分级式管理形式构建了层级式的"国民体质监测体系"，以政府决策制定了《国家学生体质健康标准》，二者在组织结构方面都如图5-1所示：

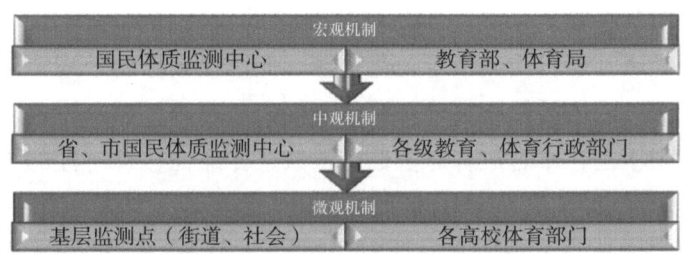

图5-1　纵向行政分级式管理图

该纵向式行政分级式管理形式已在我国实行20余年，学生体质也伴随其下降20余年。由此可见，行政分级式管理，能够利用各级政府手段较好地做到文件、标准的上传下达，在完成上级任务方面执行力强，可就公布在中国学生体质健康网上的数据报告来看，执行力虽强，但控制力弱。在学校方面，容易存在只完成上级交代的指标、任务，安于现状、不求进取，无过便是功的懒政状况；在学生方面，易使学生群体认为测试和自己无关，只是学校为了配合教育部完成交代的任务。正所谓数据不关己，高高挂起，可以不积极、不主动、不认真配合测试，呈现反正都只是教育部用来做统计的不端正态度，不仅达不到教育部制定

《国家学生体质健康标准》的目的，更对学生体质增强方面差强人意、收效甚微。

（二）测试上报

长久以来，各学校都是在教育部要求下对在校学生组织体质测试的，并明确规定在指定期限内，每学年各学校在体质测试完成后对所测得的数据进行汇总整理、系统录入，通过网络平台上报至中国学生体质健康网。可教育部在测试监督方面，也只对部分学校测试数据进行抽查，以避免数据造假、失真等问题，可在现实操作过程中，基本还是以学校自行组织测试、自行上报数据形式存在。同时，教育部也对各学校有相应的评价要求，如学校在校学生体质合格率低则不能评优，再加之存在测试监督方面的漏洞，这就使部分学校出现为了不影响学校评优而篡改测试数据、虚报测试合格率等不良现象，可就在谎报、瞒报数据存在的情况下，我国学生体质仍然呈连续20余年下降，可见我国学生体质健康状况之差。因此，如何健全体质测试监督机制、杜绝自欺欺人式的数据上报现象有待进一步探讨。

（三）指导服务

指导服务机制将是我国今后学生体质管理的发展趋势，是在"大健康"背景下，一种由健康管理机构提供专业化指导、人性化服务的形式。从体质测试受测学生本身考虑，因体质健康宣传普及等方面因素制约，该群体大部分都存在对体质健康的认识不足，平时锻炼时多数觉得缺乏专业性、针对性的指导。而大部分学校目前还存在"为测试而测试"的情况，较少地对体质测试受测学生的体质状况作出积极评价与系统干预。同时，2014年国务院发布了《关于加快发展体育产业促进体育消费的若干意见》，其中明确指出发展体育事业和产业是提高中华民族身体素质和健康水平的必然要求，有利于满足人民群众多样化的体育需求、保障和改善民生，有利于扩大内需、增加就业、培育新的经济增长点，提出了把体育产业作为绿色产业、朝阳产业进行扶持，强调向改革要动力，向市场要活力。而在我国健康管理发展也才刚刚起步，正处于上升期，有着广泛的市场需求，如何更好地将健康管理引入学校体质监测工作，使学校体质测试工作不仅仅停留在"只测不评、只评不控"的尴尬局面，使其为在校学生提供切实可行的专业化的测试、有针对性的人性化服务指导，甚至在其毕业后进行跟踪式的健康管理，从而扭转学生连续20余年体质下降的不堪局面。关于传统机制如何向新型机制过渡，怎么转、如何转，有着哪些风险，存在何种优势，都是现阶段我国学生体质健康方面具有较高研究价值亟待解决的关键问题。

三、学生体质健康促进管理机制的问题

（一）监督机制待完善

学生体质健康管理的监督机制有待进一步完善，首先，我国教育部为方便各学校进行体质测试数据的上报，要求学校通过账号直接将测试数据上报至中国学生体质健康网，越过了中间行政级别的监督，造成了数据庞大、繁杂，难以进行核查等问题，不少学校仍为了评优或省事对测试数据进行编造，复查机制的实施虽然能起到一定的监督作用，但效果极微。其次，学校有教育部直属学校、国务院侨办直属学校以及省教育厅分管等多种属性，其中政府因管辖划分和级别限制，很难对学校形成统一有效的监督管理。最后，学生体质健康管理情况单纯采用测试过程中检查督导式的监督是不够的，部分学校还存在为完成测试任务而测试，对学生体质下降不放在心上，丝毫不对学校学生下降的体质进行后续的干预及促进。

（二）协调机制待开发

由体质健康管理的组织运行架构现状来看，国民体质监测中心和各学校体质测试下设工作小组以及体质健康协会分属三条主线，三者之间都是上下级直线型的领导组织关系，在工作开展方面鲜有交集，各自为战。学生体质健康管理应以学校体质测试工作为突破口开发协调机制，搭建合作平台，分享独到经验，加强政府机构、高等院校、社会组织三者之间的联系，形成互抓互促共管、协同创新的良好局面。

（三）预警机制待建立

学生在体质测试中接连频发安全类问题，此类突发性公共事件令人叹息和警醒，说明学生体质测试存在一定的风险，需要建立必要的风险管理和预警机制以防患于未然。同时教育部在2014年5月的新闻发布会上对新印发的3个文件进行了解读，其中取消了体质测试中的选测项目，规定要求800米和1000米中长

跑为大、中学生以后每年的必测项目。由此可见，教育部也并未因噎废食，而是进一步加强了测试要求，这就更加要求政府、学校建立必要预警机制来应对突发性事件，只有对风险进行管理，使意外伤害事故尽可能地降低，才能保证测试领导者和工作者在测试中不畏手畏脚，学生家长们不战战兢兢。

四、学生体质健康促进管理机制的对策

（一）转变监督机制，推进激励管理

监督机制不应仅仅是操作过程的前、中、后监督的过程，而是要摸清学校在体质测试中为测试而测试、只测试不干预这种现象的原因，改变传统监督机制的惩戒管理，如测试数据合格率达不到要求，学校则没有评优资格等办法，应主动推进激励管理，调动学校对体质测试工作的积极性，使学校在面对社会、家长等严峻的压力下，在政府身上找到认同感与归属感，从而更好地开展体质测试工作。因此，新型的监督机制再配以激励式的管理将有助于学生体质健康管理工作的进一步开展。

（二）开发协调机制，实现交互管理

目前，体质健康管理组织机构在架构上都较独立，协调机制有待进一步开发。从横向来看，国民体质监测中心与学校呈并列状态，协调互助路径待开发；从纵向来看，省教育、体育部门对下属的体质测试单位呈较为传统的扁平式管理，协调路径待转变。而开发协同路径，形成交互式的管理协调，有助于体质监测的管理者和执行者之间角色的互动，使体质监测的管理者真正参与到基层体质测试工作中来，也使体质监测的执行者在工作中更好地执行管理者的决策。因此，开发横向协调机制有助于不同体质监测单位之间的合作与学习，开发纵向协调有助于体质监测管理者和执行者之的交流与互动，从而使学生体质健康管理机制成为一个系统工程，实现其内、外组织结构的相互协调，更好地促进体质监测工作专业、高效地开展。

（三）设立预警机制，加强风险管理

学生先后在学校体质测试、国际马拉松赛中出现安全事故，该现象再次提醒

参与体育运动本身具有一定的风险性，就算是体质测试这种非激烈、无对抗形式的运动亦不例外。突发性公共事件本身就考验着政府的工作能力，政府在危机管理方面一直都有不错的成效，可在体质测试中的预警机制和风险管理方面还较为欠缺，没有相应的文件和措施来处理学校在体质测试工作中遇到的突发性事件，缺少对学校完成测试任务和在校学生配合测试的保障，教师与学生的能动性都得不到调动，导致测试偏形式化、数据真实性不高。

首先，政府相关部门可通过统一购买保险、设立风险基金等形式，来转移学生体质测试中不可预知的风险，减少学校在体质测试中因客观存在的风险而承受高额赔偿。其次，学校也应通过预防潜在突发风险的形式告知受测学生，并通过在测试前不要空腹或饱食、做好准备活动等形式尽可能地降低风险。最后，学校在体质测试中还应配备必要的医疗措施和预案，以进行突发性运动伤害事件的风险应急。

五、新型学生体质健康管理机制探索

如果"创新是一个民族进步灵魂"的体现，那么对学生体质健康管理机制的创新，就是赋予民族进步灵魂以强健体魄的基本先决条件，灵魂和体魄的双重健康更是民族进步的根本保障。由此可见，对学生体质健康管理机制的创新具有非常高的重要性和必要性。对学生体质健康管理机制进行探讨，是按照现代创新理论的提出者约瑟夫·熊彼特提出的理念，再按照组合原理对现行学生体质健康管理机制进行改革创新，在政府机制调控学生体质健康局面不佳的情况下，对比分析并引入市场机制，推行专业化、社会化、服务化、终身化等新型大学体质健康管理机制，属于组织创新范畴。

（一）新型学生体质健康管理机制的探讨

1. 政府机制是否失灵

我国政府在学生体质健康情况方面向来给予高度重视，开过的大小会议不计其数，出台了多条政令、文件，屡次修订标准、办法，可学生体质健康水平连续20余年下降的大体趋势仍然未能得到有效遏制，学生体质测试数据连年按时间要求积极上报，但空有测试数据的整理，缺乏对大学体制干预的有效实施，政府政策施行多年、力度逐年加大却未能达到制定时的预期效果，学生体质健康状况并未能得到实质的改观。

长久以来，学生体质健康都处于政府机制下的统一管理，而就政府机制本身而言，容易导致在干预学生体质过程中出现缺乏效率、效益等问题。到目前为止，学生体质健康管理工作也一直由学校自身在做，处于一种自我垄断状态，缺乏竞争机制的局面使得部分学校只是被动地、单纯地完成政府所布置的测试任务，较少地将精力投入对学生体质健康的干预中去。再者，相比学生体质测试工作而言，对学生体质健康的干预工作，要投入的时间、精力，远比按照测试标准安排时间测试、统计整理数据进行上报工作多得多。因此，我国部分学校"重测试、重数据、轻指导、轻干预"的偏形式化现象也就自然而然得到解释。

2. 市场机制是否可行

市场机制所具有的竞争性迫使企业管理从业者不得不及时更新技术、信息，以保证自己公司的产品、服务持续占有市场份额，相较政府机制而言拥有更强的自觉性和自主性，更加注重自身工作效率和效益，是政府机制的有力调节杠杆。同理，市场机制在作用于学生体质健康管理方面，也能弥补以往政府机制所存在的些许弊端，而且学生体质健康管理本身具有公共产品属性，美国现代经济学家埃莉诺·奥斯特罗姆提出，单一的政府提供方式应被多样化的提供方式所取代，政府购买公共服务目前已成为社会管理的手段之一。同时，我国政府也在近期的会议上提倡要扩大开放服务业，释放改革红利，凡是社会能办好的，尽可能交给社会力量承办，加快形成改善公共服务的合理机制。而在学生体质健康管理方面，全国范围可针对学生提供专业健康管理服务的企业、公司还较少，专业健康公司目前还多以健康管理服务的高端客户目标群体为主。因此，在学生体质健康管理市场方面，还有很大的空间，从卖仪器产品逐渐向卖测试服务还需要一个开发、转变的过程。

（二）新型学生体质健康管理机制的提出

1. 新型学生体质健康管理机制的内容

在传统的学生体质健康管理政府机制的基础上引入市场机制，采用市场机制杠杆对政府机制失灵进行调控的办法，由第三方健康管理社会组织或企事业单位对学校大学生进行专业化、针对性、全程式的健康管理服务，试图起到增强学生体质，促进大学生健康发展的作用。政府作为服务的购买方、标准的制定方，仍是管理的主体，购买方式以公开竞标为主，健康管理市场机构是服务的实施方，学校学生群体是服务的受益方，三者可根据服务情况来建立以结果为导向的短期或长期合作关系。其中，新型大学生体质健康管理机制要在政府立法的基础上进行规范运作，避免出现权力寻租、私自转包等腐败现象滋生，要形成公开透明的流程和信息机制，要建立由政府、学校、学生等多方组成的评价机制，掌握利用市场竞争机制的方式督促健康管理，促进社会组织、企事业单位不断提高对学生体质健康管理的服务质量，进而改善我国大学生体质持续多年下滑的严峻局面。

2. 新型学生体质健康管理机制的依据

2015年全国"两会"，李克强总理在政府工作报告中提出要增加公共产品和服务供给，加大政府对教育、卫生等的投入，鼓励社会参与，提高供给效率；提供基本公共服务尽量采用购买服务方式，第三方可提供的事务性管理服务交给市场或社会去办。新型学生体质健康管理机制就正好适用于政府报告提出的办法，采用政府购买公共服务的方式，由第三方健康管理社会组织、市场机构介入学生体质健康管理，为学生提供专业化、针对性、全程式的健康管理服务。

在国际上，政府购买公共服务是基本公共服务的市场手段，国外在这方面内很多的有效做法可以参考。如1980年之后，澳大利亚公共服务中对就业服务领域购买进行了改革与创新，搭建了较为公平的社会化就业服务网络，解决了传统公共就业服务机构成本效率不成正比、官僚主义等问题，澳大利亚政府为促进就业，将教育、培训的400多家机构社会化、民营化，整合资源使其成为全国就业服务有限公司，还把超过9000名公务员转入劳动力市场，按照公司的需求和个人的意愿，双向选择。董事会负责制度的实施，在业务方面，和其他私营公司享有同样的条件和地位。澳大利亚公共服务改革后，出现了公平、公正、公开、高效、优质、低成本和易于求职者和用人单位选择服务的局面，实现了政府制定规则，社会公平参与，市场公平竞争，政府管理和监督的机制。

（三）学生体质健康管理服务市场化的层次结构模型构建

在专家访谈和文献阅读的基础上，按照层次分析法的基本组成要求，并结合态势分析法中SWOT的内外部因素，构建了学生体质健康管理服务市场化的层次结构模型。其中,最高层"A 学生体质健康管理服务市场化"为目标层,即要解决问题的预定目标;B1~B4,即优势、劣势、机会和威胁 4 个因素为对目标产生影响的准则层;C1~C12,即监测全面化、数据客观化、服务终身化、初期成本高、知名度较低、专业人才少、学生体质直降、国家政策支持、市场潜力巨大、法规制度待完善、市场准入待建立、高校配合待协调 12 个因素为解决决策问题的措施层。在二级指标中,C1~C3 只对 B1 负责,C4~C6 只对 B2 负责,C7~C9 只对 B3 负责,C10~C12 只对 B4 负责,且 C1~C3、C4~C6、C7~C9、C10~C12 各组之间不发生关系,属于不完全层次结构模型。该模型是在研究相关文献的基础上,对体育、公共管理、企业管理领域的专家进行访谈调查,分析学生体质健康管理服务市场化的优势、劣势、机会、威胁等重要因素,通过专家们对各层级间不同因素的两两比较,按 1~9 尺度量表勾选,利用 Expert Choice11.5 软件排列矩阵并分析检验,从而作出专家群决策分析,来提出解决学生体质健康管理服务市场化问题的策略。

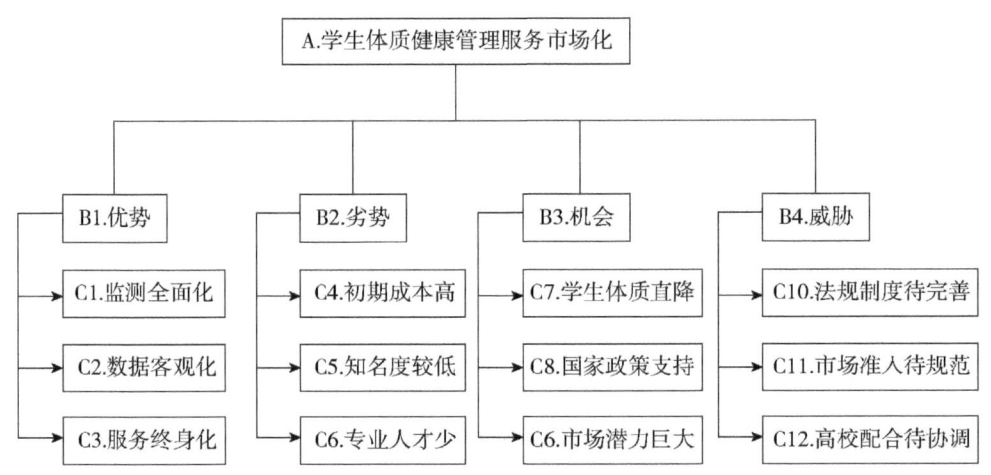

图 5-2 学生体质健康管理服务市场化的层次结构模型

(四)学生体质健康管理服务市场化的 AHP-SWOT 分析

1. 服务终身化是其独特优势

首先,服务终身化相较以往的学生体质健康测试具有独特优势。以往学校只针对在校学生进行测试、评价与指导,缺乏对学生体质健康的前馈和跟踪,而由第三方健康管理社会组织、企事业单位来对学生进行健康管理，将不仅局限于学生在校期间的管理服务，在学生入校前和毕业后一样可以根据情况对其进行后续的健康管理服务，从而使健康管理服务贯穿其终身。有研究表明，在欧洲，约有70%的企业老总为其下属职工购买了健康管理计划，而在我国大部分职工还要自己缴纳医保等。因此，终身化的健康管理，可为我国步入老龄化社会，开展延长工作年限、推迟退休等方案提供基本实体保障。另外，此举不但落实了我国新时期产业转型提出的发展健康产业这一新型绿色产业、朝阳产业，还实现了促进体育消费、培养人民的体育消费意识、加强体育产业等方面文件的目标。

其次，专业的第三方健康管理机构在检测内容方面能够更加全面。第一，完成教育部规定的对《标准》中规定项目的身体形态、心肺功能、肌肉力量、耐力及柔韧性指标检测。第二，还可完成一般健康指标方面的学生健康体检任务。第三，还能对慢性病等进行排查、控制，对健康进行评估，全面地做到体质测试和健康体检相结合，避免在校学生为体质测试、健康体检而奔波两次，花费两次的时间，为同学们节省时间。同时，还可通过健康检测、健康评估、健康咨询、健康指导、后续服务等方式为学生开展更有针对性的测试和评价，以及通过制定个性化运动处方等方式，来满足符合学生自身兴趣的锻炼需求，提供更为专业、全面的服务。

最后，学生体质健康管理服务市场化后，其数据更加客观。政府购买第三方健康管理社会组织、企事业单位服务，对学生体质健康进行测试管理，可以避免以往部分学校出现的测试过程中走形式化、不重视数据，或为学校自身利益修改数据进行上报的问题出现。身为要占有市场的专业健康管理组织、企业，其在仪器设备和测试方法方面都能做到时常更新，在数据的报告和评价方面也更为专业。另外，其在人员配置方面也较学校更为多元，专家涵盖的领域更广，测试人员培训更为专业，所得到的数据更加真实、客观。

2. 知名度较低是其主要劣势

无论是企业还是机构想要进入或开拓一个市场，其品牌和产品的知名度一定程度上起着关键性作用，而健康管理传入我国也才十几年，尚属一个新兴产业，多数学校学生甚至是体育教师对其认识还存在差距，在对学生学校的调查研究中，有高达69.97%的学生对体质健康管理认识方面，填答了不太清楚，部分体育教师了解过健康管理，知道其重要性和意义，可大多只停留在想的层面，一旦到了要具体实施健康管理时就出现嫌麻烦、坚持不下去等问题。因此，有关于健康管理的协会组织、科研机构、企事业单位，要积极投入对健康管理的宣传、实践和推广中去，只有这样才能让人们了解健康管理服务，认识健康管理服务，享受健康管理服务。

就前期成本问题来看，需要不少仪器、设备的购置和人才的聘请等，而以政府购买公共服务的形式对学校学生开展健康管理服务，那么第三方健康管理协会、企事业单位对学生这方面的业务群体，基本是属于非营利性的。因此，其前期成本较高。但是，如果从长远考虑只要进入并占领了学生健康管理的市场，当学生们毕业走向社会，入职成为员工、创业成为老板，一个个都是可挖掘的目标客户，还可根据其情况不同为其提供多种类型的健康管理套餐等，这样就等同于4年的非营利健康管理服务来换取目标客户今后40年甚至更久的健康管理后续服务。在专业人才方面，健康管理在我国还只算刚刚起步，在健康管理专业人才方面，仍以健康管理相关学科的老教授、专家为主，后备的专业人才方面也只是开始培养。因此，专业人才较少。

3. 国家政策支持是其强有力的发展机会

学生体质健康管理服务市场化离不开国家政策的支持，国家政策支持是其发展的先行条件。早在1969年，美国联邦政府就出台了将健康管理纳入国家医疗保健计划的政策，而我国政府从2013年相继出台了多个政策文件，如《关于促进健康服务业发展的若干意见》《关于加快发展体育产业促进体育消费的若干意见》，大力提倡健康产业、体育产业等新兴绿色产业，保障人民健康，促进体育消费，提出要在2020年健康服务业总规模达到8万亿元以上，2025年体育产业总规模超过5万亿元。同时，我国政府不断强调改革创新，李克强总理多次在不同的会议上提及要在教育、卫生等公共事业领域改革管理机制，加大投入来购买公共服务，简政放权，释放改革红利。

学生体质健康管理服务的市场化，则刚好完美契合了我国政府工作今后的发展方向，有着一定的可行性。在学生体质直降方面，是老生常谈的问题，持续20余年下降的学生体质何时才能止跌回升，市场要做的当然不会是静静等待其触底反弹，而是要抓住恰当的时机进入，促进学生体质健康，遏制其下降趋势。在美国，有70%的人享受健康管理服务，而在我国享受这项服务的比例尚不足0.1%，可见市场潜力巨大。另外，学生健康管理服务市场不仅有着庞大的市场群体，除了之前提到的毕业学生的健康管理服务市场外，还有在校学生的家人、亲戚等潜在客户群体，而以学校学生市场作为基本市场，再以此为基础发展多元化经营战略，还可发展企业员工、政府公务员等巨大的潜在市场。

4. 法规制度待完善是其重要的威胁限制

市场准入若不规范，那么健康管理服务的质量就得不到基本保证，要通过资格认证、资质评定等方式设立市场准入的基本门槛，避免造成市场的无序竞争，从而影响市场发展。在学校协调配合方面，要处理好学校和第三方的关系，建立友好合作关系，而不是竞争对手关系，都是为在校学生这同一个主体进行服务。学校方面也应认识到，若由第三方健康管理机构接手对学生体质健康进行管理，将有以下几大优点，一是释放学校资源压力，为学校繁重的科研、教育、就业等任务进行解绑，分担了学校的体质健康管理任务，不需学校再出大部分人力、物力还组织测试和管理，使学校可以更好地完成对学生的教学任务；二是规避了学校承担的风险，测试机制改变使第三方机构成为体质测试方，健康管理方，测试过程中的运动性意外事故将由第三方来承担，学校不必再为此纠纷埋单，实现了风险转移。

政府机制造成学生体质健康管理一直都处于学校自我垄断状态，缺乏市场竞争机制导致学校多是被动地完成测试任务，较少地参与到学生体质健康促进中。而市场机制作为政府机制的有力杠杆，可调节、避免政府机制出现的部分弊端。因此，引入市场机制对学生进行健康管理服务大有可为。

第二节 学生体质健康促进管理平台创新

一、智慧校园体质健康管理平台的可行性分析

（一）技术可行性分析

运用了现在流行的平台开发工具和技术，以智慧校园平台为基础，开发了基于智慧校园下一种新的体质健康管理平台，实现了高校对学生体质健康管理全新模式。在平台设计与开发过程中应用了 Eclipse 集成开发环境、Java 语言和 mysql

数据库。计算机房和校园网，这些技术基础、技术环境和学校本身的技术都为智慧校园体质健康平台提供了一个技术的支撑，为智慧校园体质健康平台建设提供了技术可行性。

（二）操作可行性分析

智慧校园体质健康平台建设的可操作性分为几个方面，一是教育部和学校的大力支持，体质健康平台的建设是经过教育部的批准和资金的支持的，同时学校也给予了各方面的物质、人员和政策的支持。二是大学智慧校园的建设为体质健康管理平台提供了一个建设基础，因为体质健康平台的建设是智慧校园建设的一个组成部分，它是在智慧校园的大背景下建设的，同时智慧校园也给它的建设提供了一些便利条件。例如，技术人员的支持、先进的平台开发技术、一些建设开发平台的经验借鉴。三是在智慧校园体质健康平台建设的前期，学校的软件开发技术人员和学校的管理人员做了大量的前期准备工作，包括对平台的设想、对平台的大致内容的一个整体的规划、平台的关键技术、平台建设中可能遇到的困难和一些应急方案、平台的试用以及平台的推广；等等。这三个方面的内容切实可行地推动了智慧校园体质健康平台的建设的可操作性。

二、智慧校园体质健康管理平台的需求分析

在学校的智慧校园体质健康测试系统中需求是很重要的一方面，它决定着这个系统的有效性，在体质健康中的需求分为用户需求和功能需求等。

第一，用户需求，指的是我们必须关注用户这个主体，用户主体不同他们的需求也就不同，高校的体质测试系统主要针对的人群是学生，学生的体质健康测试有他们自身的特点，需要依据他们的特点去开发高校学生体质健康的管理系统。

第二，功能需求，高校学生体质健康测试的功能需求依附于用户需求，因为系统功能的设置是为了满足学生的需要而制订的，是充分收集和考虑了学生的需求，同时又考虑到了不同地域和不同学校的差别，依据实际情况而制定的用户需求。

第三，管理需求。管理是组织对所拥有的人、财、物、信息等的计划、组织、协调及控制的活动过程。高校的管理中，最主要的内容是对学生的管理，近

些年来随着国家对高校学生体质健康的重视，使得学生体质健康管理在高校管理中的地位逐渐显现出来。每个高校都在想尽一切办法来更科学、更便捷地对学生体质健康进行管理，提高学生的体质健康水平。目前高校对学生体质健康的管理，还没有上升到每个学校具有自己的体质健康系统，只是简单的学生体质测试成绩的查询，或者利用国家学生体质健康标准数据与分析系统进行学生体质健康测试的上报。

第四，科技发展的需要。当今高校的管理越来越依赖于科技的进步，很多方面的管理都实现了网络化。例如，学生成绩的管理、学生课程的选择、学生档案与信息的管理等。但是对学生体质健康的管理，还没有一个很好的网络平台去实现，所以说高校学生的体质健康平台是一个顺应时代潮流的新生事物，需要高校去实现这个平台的建设。

三、智慧校园体质健康管理平台的总体设计

智慧校园体质健康管理平台的总体设计，包括功能模块与数据模块两大方面的内容，整个平台的设计主要是围绕着学生体质测试的数据、学生对这个平台功能的使用与管理员对这个平台的管理为核心的，并围绕它们进行扩展，使体质健康管理平台更加切合实际，为高校和学生提供更加便捷的服务。

（一）体质健康管理平台的功能模块

如图5-3体质健康管理平台的功能模块包括五方面的内容，即统计模块、导入导出模块、管理员模块、登录模块、学生模块。这五个功能中最难的就是导入导出模块和管理员模块，导入导出模块难点在于对数据的导入与导出，管理员模块难点是对平台的整体管理和维护。数据的导入与导出功能是参考国家学生体质健康上报系统制定的，但在它的基础上进行了很大的改善，其中包括对体质健康数据上报格式的改善，使上报的格式更加多样化、简单化；可以分批上报数据，不用很麻烦地把所有的数据整理在一个表格上；对没有身份证的学生，系统可以自动生成一个临时身份证信息，让数据可以正常上报；在查看数据与导出数据方面也更加方便、快捷；等等。管理员模块的难点在于需要一定的技术人员和政策资金的支持，对体质健康管理平台的开发需要懂计算机方面的专业人员去设计和研发，需要他们的时间、精力和反复的试验这些开发的功能；同时也需要资

金的支持，虽然申请了教育部和学校的支持，但还是会有一些功能因资金的缺乏而不确定能被使用。例如，利用体质健康平台给学生群发信息，让他们知道自己体质测试的成绩，哪些方面的不足需要改善以及改善的方案（即运动处方），因为发短信需要费用，还需要跟电信公司签订合同，需要学校在费用方面的支持。

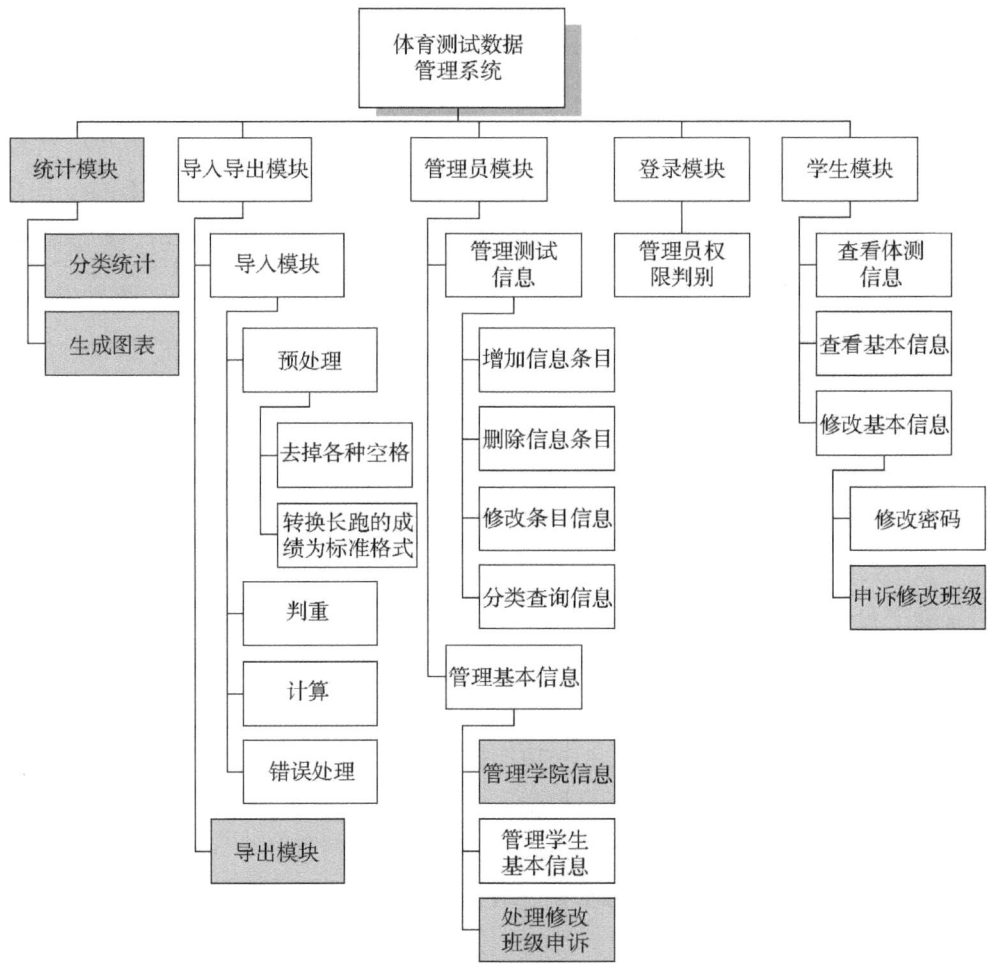

图 5-3　智慧校园体质健康管理平台的功能图

（二）体质健康管理平台的数据模块

体质健康管理平台的数据模块，也叫对顶层数据的管理，如图 5-4，包括管理员、学生、数据库三个方面的内容。它的难点在于管理员对这些繁杂数据的整理与反馈。首先，对原始数据的管理，原始数据就是用哪些专门的测试工具测试出来的数据上传到电脑上的，这些数据还需要用一个专门的操作软件来转换成学生能够看得懂的数据格式；其次，对转换后的数据进行分类整理，按不同的年级、院系、专业进行分类；最后，对学生数据的修改，有的学生的体质测试成绩是补考了之后才通过的，就需要管理员手动对学生不达标的成绩进行修改，还要对没有身份证的学生进行体质测试成绩的录入。

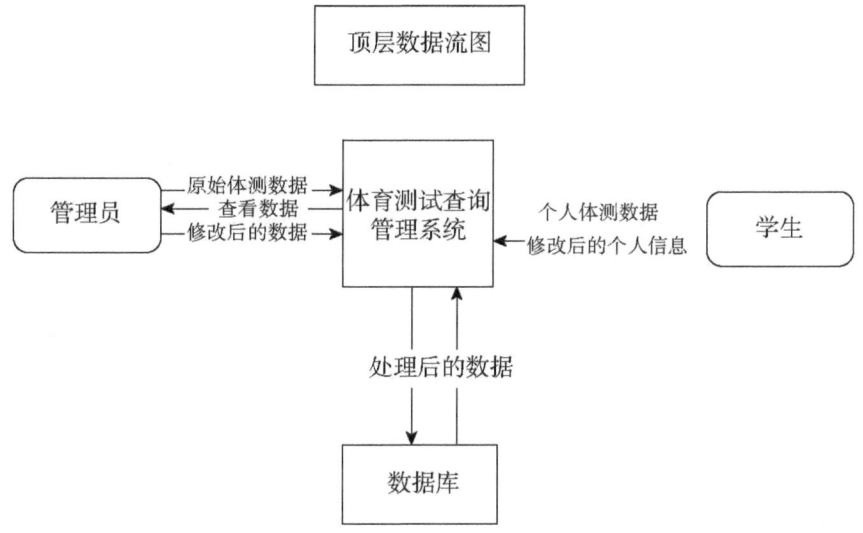

图 5-4 智慧校园体质健康管理平台的数据流程图

四、体质健康管理平台的功能分析

（一）学生注册

根据所示，体质健康管理平台的注册是在学生刚入学的时候，学校可能已经帮学生在平台注册了信息，只需要学生自己再登录一下确认自己的信息，一般情况下用户名是学生的学号，初始密码是统一的，在初次登录时学生可以自己修改密码；初次登录时也可能会出现没有用户名的情况，需要学生自己在网页上进行注册。

（二）学生登录界面

体质健康管理平台是从大学首页上的体育教学部进去，然后输入自己的学号和密码就可以了，页面上会显示学生的体质测试的成绩和一些补考的信息，还会有一些其他的功能。例如，学生每一年的成绩的比较，每个测试项目的比较等。

（三）建立学生个人健康档案

从学生入学开始，学校就开始派专门的管理人员来为每个学生建立体质健康档案，上面会有很多指标，例如，身高、体重、心肺功能、座位体前屈等。由于学生的体质健康测试每年更新一次，所以学生个人健康档案也需要每年进行整理，以便随时了解学生的体质健康状况的变化，并给予合理的指导方案。

（四）收集学生个人健康信息

收集学生的个人健康信息的途径有三个，第一个是最直接的，就是每年的学生体质健康测试，会很全面地反映出学生身体各方面的健康状况，并且给出的数据是比较客观的，但是也会有不足之处。例如，由于学生在检测时的不规范操作，或者裁判员对学生的操作仪器规范度的讲解不到位。第二个方面是体育课的成绩及学生平时的表现，学生上体育课的成绩及平时上体育课的情况影响着他们体质健康测试的结果，也是我们评判学生体质健康的因素之一。第三个方面是学生在校医院的就诊状况，如果学生在医院的就诊次数多，就说明学生的体质健康在某些方面有些问题，就诊的次数少就说明学生的体质健康状况相对而言是良好的。

（五）学生体质测评

学生的体质测评在体质健康测试系统中是一个重要的环节，它的测试必须尽量保持公正，数据必须尽量保持精确，才能使后续的环节顺利进行。体质测试分为室内和室外两类，其中室内的项目主要是身高、体重、肺活量、坐位体前屈、立定跳远、引体向上、仰卧起坐；室外的项目有女生的800米、男生的1000米、女生的50米、男生的100米。这些测试项目都是由专门的仪器来测试的，刷一下校园卡数据会直接反馈到学校的电脑系统里，只要有专门的人对数据进行整理即可，在测试的时候要对那些现场的管理人员进行提前培训，包括对仪器的操作和现场的秩序及安排。

（六）分析测评数据

学生的体质测试结果会由专门的老师进行管理，他们会分院系和专业整理出这些数据，并对数据结果进行分析，找出学生好的项目和弱势的项目，并分析造成这种现象的原因，以及设计改善的方案。

五、制定学生健康干预方案

（一）健康指导计划书

健康指导计划书是对人的健康管理整体上的把握，它具有很强的指导性和方向性，包括很多方面的内容：第一个方面就是先了解学生的体质健康的背景，包括近几年学生体质健康的测试数据、体育课的成绩、疾病的就诊情况等，这是我们必须了解到的内容，也是前提。第二个方面是人群的确定，要分年级、年龄、性别地看待，因为他们会有各自的不同特点，需要我们区别看待，只有把人群的范围确定好才能使我们的健康指导计划书更加科学化和人性化。第三个方面是目标的确定，在了解过学生的体质健康背景和人群之后，就制定出相应的体质健康的目标，这是一个大方向的指导，是适应于学校大部分的学生，是针对学生出现的普遍问题来制定的这个目标，它具有普遍性和适应性。第四个方面，也是最后一个方面，是改善体质健康的措施，它包括膳食营养、运动处方、疾病预防常识三个小的方面，膳食营养就是在了解了学生的体质健康背景后，制定的营养餐，这些营养的三餐有好几种方案供同学们去挑选，让学生们在享受美食的过程中得到健康；运动处方就是依据学生体质健康状况来制订属于他们的专门的运动方案，它的内容包括运动种类、运动强度、运动时间、运动频率、运动进度及注意事项等；疾病预防常识，就是对一些常见的疾病的预防措施和常见的运动损伤的应急处理方法。总的来说，健康指导计划书是一个总体上的规划，对学生的体质健康具有高度的指导作用。

（二）运动指导方案

学生的体质健康测试信息会反映出他们在哪些方面是良好的以及在哪些方面

是不足的，学校的体质健康管理人员和体育教师们会针对这些问题和本校的实际情况提出解决方案，并有目的、有针对性地为学生提供运动指导方案，对他们的运动项目、时间、频率作出规定，有效地改善学生的身体健康。具体的做法是，学校会根据体质测试的每一个项目假如不良的情况给出运动指导，并根据不良的程度给予不同的运动指导方案，这样当学生看到自己的某一个项目不良时，找好自己的不良程度范围，根据上面的运动处方坚持锻炼，以达到促进健康的目的。

（三）心理健康指导

在学校的体质健康系统网站上会有心理健康指导这一板块，每个在校的学生都要定期登录网站来提交一些心理健康调查问卷。一方面，学校可以通过这些问卷来及时了解学生的心理健康状态并给予指导；另一方面，学生也能通过这个板块认识自己的心理健康状态，发现不好的地方，及时找到缓解和改善的方法。这个板块的设置上，还会有一些关于生活中心理方面的小常识，比如说，缓解压力方法、缓解考试紧张的方法、处理人际关系的一些原则等，并且会定期更新这些小常识。

（四）营养膳食指导

高校学生的身体健康与饮食也是息息相关的，体质健康系统上会提供给学生一些关于饮食的小常识，比如说，每天会更新一些食物的益处，还会给学生搭配一些营养的一日三餐供他们参考，同时也会针对学生不同的身体状况制定一些专门的营养套餐，例如，肠胃不好的同学的营养餐；肥胖者的营养减肥餐；调节视力的营养餐；等等。通过这个体质健康网络平台，同学们的身体健康会通过饮食的调整得到很大的改善。

（五）生活方式调节

对学生生活方式的调节是必不可少的，由于高校学生相对高中生来说学习地点、学习环境、生活环境都发生了变化，有更多空闲时间由自己支配，与高中紧张的学习氛围截然不同，有些学生面对这样的情况不一定能把时间分配得很好，这时就需要借助学校的力量给学生一个时间概念，例如，学校作息时间的安排，每学期刚开始的时候学校就会公布本学期的作息时间，并且每个规定的时间点都有铃声的提醒，这样的话学生会时间概念，合理分配好一天的时间。

(六) 疾病风险的预测

疾病风险的预测就是指对可能会发生的疾病的概率及其可能会带来的不良影响的推测，是基于一定的现象观察，数据统计和风险预估的结果。具体表现在体质健康系统中，对学生的体质测试结果、体育课的成绩及心理健康调查问卷中不良的因素进行分析与讨论，结合校医院和校心理医生的意见把学生可能出现的疾病进行梳理，整理出来，然后通过各种措施加以防范，对可能发生疾病的不良因素尽最大努力去改善，要通过学校和学生双方的共同努力。

(七) 健康调理

健康调理的人群主要是针对亚健康的人群，亚健康是一种临界的状态，对于亚健康状态的人来说虽然没有现实中需要去医院就诊的疾病，身体却出现了像精神下降、适应能力下降情况，这样的状态虽然不会直接威胁到人体的健康，但是它是一种潜在的威胁，只要达到了一定的程度就会显现出来影响人的身体健康，所以当出现亚健康状态时人必须学会调整。亚健康状态的表现有心理障碍、失眠、消化功能不好、腹胀、疲劳等，应对亚健康的方法有，一是通过饮食进行调理；二是通过饮茶进行调理，指的是一些中草药的茶；三是通过运动进行调理，针对不同的亚健康状态提供一些不同的运动方式。

(八) 健康改善提示

健康改善提示是体质健康系统不可缺少的一点，高校学生在这个系统上会找到两个能使身体健康得到改善的途径，一方面是把今年的体质健康状况与往年的体质健康状况相比较，看看自己各方面身体素质有没有得到改善与提高；另一方面是在这个系统上间歇性地填写有关自己的体质健康的信息，无论是身体素质方面的还是心理素质方面，看自己的得分情况有没有得到改善。

(九) 健康教育

健康教育的主要目的是宣传健康的重要性和传播健康教育的知识，它可以分为三个途径：一是在体质健康管理平台上传一些关于健康教育的知识及小疾病的应对措施；二是学校会组织各种各样的活动来调动学生参与运动的积极性，与此同时宣传健康的重要性；第三，学校的体育老师和辅导员也会在日常生活中，给学生强调健康的重要性。

六、智慧校园体质健康管理平台的技术难度和解决方案

（一）数据表格的规范化

在体质健康管理平台中，数据表格的规范化是一个难点，因为这个平台是参照国家体质健康上报平台而制定的，而国家体质健康上报平台的数据表格限制得很严格，上报的学校需要经过许多程序才能把数据表格修改、整理成国家体质健康上报平台所需要的格式，这个过程复杂而又漫长，需要花费很长的时间与精力来做这件事情。首先是收集系统，对体质测试仪器上的数据进行收集汇总；然后将这些数据通过一个软件换算成能看得懂的数据；把这些需要的数据经管理员的整理与分类，制作成电子表格；把学生所有的数据整理成电子表格后，再把它的格式修改成国家体质健康上报系统所需要的形式。所以说，在制作智慧校园体质健康平台时，怎样使数据表格更加简单、便捷，是一个有待解决的问题。

针对数据表格规范化的问题，体质健康管理平台进行了很大的调整与改善，使数据表格更加灵活，具有兼容性，对数据表格的要求没有那么苛刻，会有一个电子表格的形式，用户下载下来把数据复制进去即可，会省去很多中间的修改、整理格式的环节。

（二）学生成绩上报遇到的难题

以往的国家体质健康上报系统的数据上报环节会有一些烦琐，如当学生的体质健康测试某个项目没有成绩时就上报不了；当学生体质测试成绩有一项不及格时，后期的修改会很麻烦等。针对这些问题，体质健康管理平台的建设不但克服了这些困扰学校上报体质健康数据的问题，还增加了一些新的关于上报学生体质测试的功能。例如，系统会更加灵活地处理一些学生的成绩问题，当学生的成绩只差零点几分不及格时，可以让学生及格；当学生是港澳台地区因为没有身份证而不能上报成绩时，体质健康管理平台会生成一个临时的身份证来帮助学生上报体质测试成绩，从而也更有利于国家对全国学生的体质健康测试成绩的收集与分析，使分析的数据更具有代表性和真实性。在上报系统中还有一个及时反馈的功能，把数据上传之后会出现："上传成功"条目、"上传失败"条目、"重复"条

目，上传者可以根据这些信息对数据作出调整。

（三）制定学生的体质健康报告

体质健康报告是智慧校园体质健康管理平台的新增加的内容，它是以前的国家体质健康平台所没有的一项功能。主要是针对学生体质健康测试成绩制定的，把这些数据进行整理分类，考虑到每个项目的不同，把学生的成绩分成不同的等级，每个等级都会有一个相应的运动处方，学生可以根据自己的等级运动处方来开展运动，提升身体素质。

在体质健康管理平台上，学生也可以看到自己的体质测试成绩曲线图，在图上可以看出自己每个项目的趋势，是增长还是下降，从入学到毕业，身体素质是提升了还是下降了，给自己做一个比较与权衡，把身体素质不足的方面通过运动处方进行改善，把身体素质好的方面继续保持。同时，学生也可以看到自己在班级、年级中的属于哪个等级，在整个学校里，体质健康处于哪种水平，这样能更好地激励学生参与各类运动。

（四）增加分批与拼接的功能

体质健康管理平台的分批与拼接功能是一个突破，因为以往国家体质健康上报系统没有这个功能，在上报数据的过程中，只能把学校所有的数据都整理好，还需要对格式进行多次修改后才能够上传。现在体质健康管理平台开发了分批与拼接功能，就是把没有测试的成绩和不需要上传的成绩设置为"0"，就可以分批上传了，等再次上传新数据时再把这次的数据与上次上传的数据进行拼接，对于学校来说就会方便很多，还可以分批完成工作量，效率会大幅提升，节省了有限的人力物力，也减轻了学校体育部的压力与负担。

（五）增加学生成绩的通知功能

体质健康管理平台上也增加了一个信息发送功能。就是当每次体质测试过后，体质健康管理平台会通过信息的形式来通知学生每个项目的成绩，不及格的项目会通知他们具体的时间、地点去补考；每个学生也会收到一个关于自己的运动处方，学生可以根据体质健康管理平台开出的运动处方进行相应的运动，全面地提升自己各方面的身体素质，是很方便、很实用的一种功能。

七、智慧校园体质健康管理平台的优化策略与推广

（一）智慧校园体质健康的建设与运行离不开各方面的支持

智慧校园在建设与运行上都离不开各方面的支持，在平台建设前就必须先申请到学校和教育部的支持，这两个方面的支持会为智慧校园体质健康管理平台提供很广阔的建设环境，教育部会提供一定的政策和资金来支持高校体质健康管理平台的建设，学校会提供一定的人力、物力和财力来支持智慧校园体质健康管理平台的建设和平台的管理与维护，同时智慧校园体质健康管理平台在运行中也离不开学生的支持，智慧校园体质健康管理平台需要学生的反馈。

（二）智慧校园体质健康管理平台的改进

对高校学生的体质健康管理必须与时俱进，学习先进的技术、先进的理论，才能跟上时代的步伐，对于学生的体质健康管理也一定要采用先进的网络技术平台，来更加高效、便捷地进行管理。

（三）智慧校园体质健康管理平台的建设与运行需要有创新和特色

智慧校园体质健康管理平台的建设和运行离不开创新和特色，创新体现在技术的创新、管理方式的创新、体质健康数据上报等的创新，只有创新才能真正提高学生体质健康的管理水平，才能利用先进的科技和科学的方法对学生的体质健康数据进行有效管理。同时，智慧校园体质健康管理平台的建设与运行也不是千篇一律的，每个学校建设智慧校园体质健康管理平台都需要根据自己学校的实际情况来建设，每个学校都能赋予它不同的特色，这也是智慧校园体质健康管理平台的一个重要的经验之谈。

（四）学术研讨会议的经验推广

在智慧校园体质健康管理平台的推广中，学术研讨会议的经验推广是一个不可或缺的过程，学术研讨会议就是以会议的形式把平台的建设、遇到的难题与解决方案、平台的特色与创新、平台的经验等分享给其他学校，用来交流与学习，也是在平台推广中很重要的一个方面，在会议中不但能分享经验，也能使学校之

间相互学习，并且通过讨论能为这个平台以后的管理提供更多的方案和途径，同时每个学校的代表都能把自己的研究和见解说出来供大家讨论和交流，所以说智慧校园体质健康管理平台推广中，学术研讨会议的推广是不可或缺的。

（五）技术打包的推广

智慧校园体质健康管理平台是由专门的技术人员建设和运行起来的，其中有很多人员参与和技术创新，在对智慧校园体质健康管理平台进行推广时，技术的推广也是很重要的一个方面，只有把技术推广到其他学校才能实现平台的大范围应用。技术的推广形式是以技术打包的形式，把智慧校园体质健康管理平台打包到云端，有学校需要时就可以到云端进行传递，很方便也很省时省力。

（六）技术人员的指导

无论是智慧校园体质健康管理平台的建设还是推广，都离不开技术人员的身影。一方面，在学术研讨会议上，技术人员须讲解技术层面的知识，来给各个学校普及智慧校园体质健康管理平台的构建及管理方面的知识。另一方面，在推广智慧校园体质健康管理平台时也需要技术人员的指导，因为有很多时候不是听了研讨会议和技术引进就能把这个平台应用得很好，还需要有专门的技术去上门服务指导，提供一些具体的平台操作管理经验。

第三节 学生体质健康促进云管理模式创新

一、学生体质健康云管理理论基础

（一）学生体质健康云管理概念

近年来，随着移动互联网技术的高速发展，大数据、云计算、物联网等新兴技术也以更接地气的方式融入百姓的日常生活中。云计算是新型网络运算模式，能够低成本高效率地向各种网络应用提供计算、存储、网络、软件的资源共享与服务，是分布式计算、并行计算和网格计算发展的新阶段，现已无可争议地成为计算机科学发展趋势之一。《国家"十二五"规划纲要》和《国务院关于加快培育和发展战略性新兴产业的决定》均把云计算列为重点发展的战略性新兴产业。

云计算概念从 2007 年诞生至今，经历了一定的发展历程，然而查阅相关文献可以发现，关于云计算的概念一直没有一个统一的标准。究其原因，乃是各个行业对其了解角度不同。如维基百科对云计算的解释为：云计算是一种动态的易扩展的且通常是通过互联网提供虚拟化的资源计算方式，用户不需要了解云内部的细节，也不必具有云内部的专业知识或直接控制基础设施。云计算平台可以划分为三类：以数据存储为主的存储型云平台，以数据处理为主的计算型云平台以及计算和数据存储处理兼顾的综合云计算平台。IBM 认为云计算是系统虚拟化的最高境界，关于云计算的定义"虚拟化"特色非常明显：云计算是一种计算模式，应用、数据和 IT 资源以服务的方式通过网络提供给用户使用。2012 年 3 月，国务院政府工作报告中给出了官方解释：云计算是基于互联网服务的增加、使用和交付模式，通常涉及通过互联网来提供动态易扩展且经常是虚拟化的资源。是传统计算机和网络技术发展融合的产物，它意味着计算能力也可作为一种商品通过互联网进行流通。以上几种分别从云计算模式、资源形式以及"模式"的变化等角度对云计算的概念进行定义，总体来讲云计算通过互联网来提供动态、易扩展且"虚拟化"的包括网络、服务器、存储、应用软件等服务，为用户提供可用的、便捷的、按需的网络访问且只需投入很少的管理工作的一种模式。

（二）体质健康云管理服务特征

一般来讲，从服务类型的角度可将云计算分为云应用、云平台、基础设施三部分。每一部分都实现一定的功能并相互关联，同时每一部分又分别对应一个子服务集合即软件服务（SaaS，例如 Google Docs）、平台服务（PaaS，例如 AMP 虚拟主机和 Java EE 应用服务器容器）、基础设施服务（IaaS，例如在线存储和数据库服务），如图 5-5 所示。

①软件服务（Software as a Service，SaaS）：它是一种通过 Internet 提供软件的模式，供应商将可供出租的软件统一部署在所属服务器，用户可根据自己的需要向供应商订购应用软件。在这种模式下用户只需按订购的服务多少和时长支付费用且无须对软件进行维护，消除了用户购买、构建和维护基础设施和应用程序的需要，满足用户对信息管理的需求，以相对"低廉"的投资方式使所获利润最大化。此类平台应用广泛，如 E-mail、游戏软件等，最为贴近大众生活。

②平台服务（Platform as a Service，Paas）：与其他服务最根本的区别是 PaaS

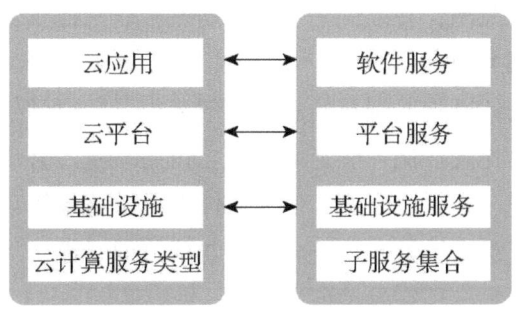

图 5-5　云计算服务类型

提供的是一个基础平台,而不是某种应用。它是通过把服务平台作为一种服务提供的商业模式,通过互联网将程序开发、部署和运营软件支撑的平台作为服务提供给用户。其中平台包括了应用程序的设计、开发、测试和托管等,能够保证支撑 SaaS 或其他软件服务提供商各种应用系统长时间、稳定地运行,而且用户自身不必过多考虑结点间的配合问题,由平台自身负责资源的动态扩展和管理,用户或者厂商基于 PaaS 平台可以快速开发自己所需要的应用和产品,这就为开发带来了极大的方便,不但提高了开发效率,还节约了开发成本。

③基础设施服务 (Infrastructure as a Service, IaaS):它是基于 Internet 从完善的计算机基础设施获得服务的一种模式。这种模式的特点是供应商将 CPU、内存、储存设备、网络硬件等基础设施提供给用户,用户可根据自己的实际要求在购买的设备上搭建自己的系统,用户无须管理或者控制任何云计算基础设施,但可以控制系统的选择,存储设备以及自己在操作系统中部署的应用。此模式降低了用户对硬件资源的需求,用户通过 IaaS 平台能够部署和运行任意软件且不需要花费昂贵的价格就能得到应有的服务。

云平台是云计算服务的基础架构,一个完整的云平台服务由基础环境、系统基础环境和应用服务三部分构成。由云平台服务基础框架结构可以看出,云平台以数据为中心,以虚拟化技术为手段,通过计算机网络提供各种信息资源的统一管理,为用户提供便捷、安全可靠的各种应用数据软件服务,达到实现云计算的目的。云平台服务具有三个方面的主要特征。一是全面性特征,即超强的数据处理服务;二是开放性特征,即多人共享的资源池;三是便捷性特征,即用户随时随地随需自助服务。通过云计算建立的服务平台具有低投入、高回报、易扩展、超大规模、通用性等特点。借助云计算,组织各类信息资源能够快速、可靠、安全地统一部署云平台,形成信息基础设施(硬件、平台、软件)和相关服务的多种形式的虚拟化资源池,并以统一的界面动态智能地提供信息等相关服务,即可享受便捷的信息服务。

总之,随着高校信息化建设与信息的创新运用,针对学生体质健康监测与管理的信息化集成平台建设,从可能走向现实。运用最新的管理理念和计算机网络通信技术,建立可视、即时、全面的信息化体质测试监控管理系统,最大程度上确保数据可靠性、管理系统性、分析全面性与反馈即时性,从而有效地提高监测与管理结果的实效性和应用指导价值。

二、学生体质健康云管理模式的"云资源"构成及其原则

云计算的出现为高速发展的信息化社会孕育了一种全新的软件服务化、资源虚拟化的商业服务模式,俨然已经成为未来管理发展的必然趋势。对于学生体质健康管理来讲,体质健康资源同样具有"云"特性。首先,学生体质健康资源与互联网、云计算一样具有分布性,具有广阔的空间范围;其次,学生体质健康信息资源具有异构性,主要体现在学生类型以及管理主体的异构性以及学生体质健康指标的异构性等方面;最后,学生体质健康信息资源具有动态性,个体体质健康信息随着环境、年龄等因素的变化呈现出不同的发展态势。由此可见,具有分布性、异构性与动态性的学生体质健康信息资源可以参照云管理的理念、方法与手段建立与之相对应的云平台管理模式。即把体质健康测试中发挥不同作用、具有不同特性的学生个体体质健康信息当作"公众资源云",通过体质健康云管理平台完成体质健康管理任务。

(一)体质健康云管理模式的云资源构成

基于云管理平台的体质健康云管理模式的云资源主要由两部分组成。一部分是用户通过互联网或者手机终端提供的体质健康信息资源,主要包括和学生体质健康测试有关的政府文件信息、学校通知、学生体质健康测试的各项指标以及第三方监测等。在这个管理模式中,用户通过注册账号登录体质健康云管理平台中,可以发布任何和体质健康测试的相关信息。如体育教师注册登录后,通过管理云平台可以录入学生体质健康信息,服务器对数据进行分析归纳组成"云资源"。另一部分是服务器对收集到的信息进行深层次的数据挖掘。如体育教师以及学生登录云平台后,可以查看各项指标得分、总分、排名等基本信息。总之,

在体质健康云管理模式中，能够通过运算其各项功能模块，对收集到的信息进行处理，按照用户的需求提供体质健康管理服务。

（二）体质健康云管理模式的构建原则

1. 学生体质健康数据管理——全面性

学生体质健康工作一直是一项复杂且庞大的"工程"。一方面，学校体质健康监测工作结束后，体育教师必须将大量纸质版的数据信息转化为 Excel 表格的形式，手动进行数据处理评出学生等级，并根据要求上报。从整体来讲，传统的学生体质健康监测工作模式的弊端较为明显。首先，数据处理工作量非常庞大且较容易出现错误，造成学生最终体质测评等级成绩出现误差；其次，部分体育教师业务水平不高，在大量的数据处理工作面前，容易出现消极工作、"少数据""补数据"等负面行为，造成上报数据不合格。另一方面，学生体质健康的综合评价主要是以学生体质健康测试数据为基础然后进行等级的评价。目前《标准》主要是采用优秀、良好、及格、不及格四个等级评价，依据评价标准，学生可以直观地了解其体质健康状况处于何种状态。但是，过度地强调学生整体的评价就会导致部分学生健康档案信息的缺失。由全国学生体质健康数据报告显示，学生体质发展不均衡，存在弱项是一个突出现象。由于《标准》评价的"综合性"特征，学生体质健康单一指标中即使有不及格的数据，可能在其综合评价中依然能够达到"良好"或者"及格"。所以，"四级评价"模式无法在体质健康信息的反馈中体现学生个体弱项指标，单一指标的信息无法获取就会影响学生个体对自身体质健康状况产生非均衡性的认识。但是，借助云管理平台超强且全面的数据处理工作完全可以解决这种弊端。首先，体育教师在输入学生体质测试信息后，云计算系统可以快速计算出学生体质健康的总分及等级；其次，通过云管理平台系统可以直观显示学生个体的成绩排名及发展趋势，学生体测成绩等级占比统计、成绩变化趋势对比信息全部一目了然；最后，借助云管理平台系统可以自动生成学生体质数据上报表格，大大解决了体育教师的工作量，也保证了数据结果的准确性。

2. 学生体质健康信息评估——警示性

针对学生体质健康认知的调查结果显示："仅有 51.2% 的同学关注自己的体

质健康测试的结果等级。"这显然没有达到《标准》通过测试来干预学生体质健康的目的。学生对自身体质状况不关注以及没有危机意识就会导致各种体质问题的产生，这也是造成我国学生体质健康整体水平连年下降的主要原因之一。因此，这就要求在《标准》的实施过程中反馈与干预环节的紧密连接是必不可少的，体质健康的测试与评价不仅要具有反馈与干预的功能，同时在此基础上也应体现预警监控功能。预警的建立，不仅对学生体质健康测试数据具有评价功能，同时具有监控功能。学生个体、群体从预警中得到体质健康状况评价的信息反馈，能够很直观地了解自身的体质健康状况，近而达到改善体质状况，提升体质健康水平的目的。及早发现体质下降，并采取积极的防治应对措施是积极防止健康状况恶化的途径之一。因此，对学生体质健康实施监测评估"预警"是一个必不可少的环节。通过筛选《国家学生体质健康标准》等级评价指标参数，确定学生预警指标，再利用云平台的数据快速处理功能，对学生的体质健康处于某种低值界限时实施反馈、干预与监控，这样才会加强学生主动锻炼的积极性，才能将《标准》的教育功能具体化。

3. 学生体质健康干预——针对性

《标准》作为一种教育、激励手段、一种约束措施能否达到它所要求的效果是一个值得深思的问题。《标准》的实施办法明确规定，学生测试成绩评定达到良好及以上者，方可参加评优与评奖。从积极的角度上讲，这种硬性的规定无疑对学生体质健康的发展有着良好的推动作用，对当前我国学生体质健康状况有着良好的改观，学生要想获得学校颁发的各种奖项，甚至是顺利毕业时其自身体质健康水平必须达到标准的要求。但是这种规定毕竟是带有"强制性"的属性，学生自身的体育锻炼主观能动性能否自觉形成这个问题值得深思。一方面，体质健康总分虽然可以客观地反映及评价个体体质的强弱，但是一个人对体质强弱的感受不像身体患病的感受那样强烈。因而，学生即使面对较差的体质健康评价等级，也常常缺乏主动锻炼的动力。另一方面，《标准》的实施一直强调评价反馈与干预相结合，但该环节往往是脱节的。学生只是参加体质测试，在得到体质健康测试数据后并不知道接下来应该做什么。体质羸弱的学生在改善体质意向方面会很茫然，其体育锻炼紧迫感自然也比较低，这就造成了《标准》所反馈的信息，并没有达到要求学生进行体育锻炼的预期目标。而在"云管理平台+学生体质健康"模式下，云平台可以根据不同学生的体质健康信息制定不同阶段的干预措施，使学生体育锻炼更具有针对性，从而保证学生体质健康水平稳步提升。

三、云管理模式下的学生体质健康促进管理体系及路径

（一）云管理模式下的学生体质健康促进管理体系建立

基于云管理平台的学生体质健康管理依托于移动互联网的实用性服务平台，主要作用是为广大师生提供便捷的体育生活，侧重点在于实用性、服务性和互动性。学生体质健康促进云管理，主要包括管理主体和管理模块两方面。首先，通过云管理平台建立学生、体育教师（班主任）、学校以及主管部门"四位一体"的管理模式，促进学生体质健康信息的管理与共享。其次，依据《国家学生体质健康标准》的评价体系，从学生体质健康测试、评价（个体、群体）、预警、反馈（信息、网络平台）、干预五个相互衔接、相互配合的机制视角来建立"测试（监测）—评价—预警—反馈—干预—测试（监测）"体质健康促进管理动态系统（图5-6），其核心功能主要表现在四个方面，即学生体质健康数据管理、学生体质健康评估（预警）、学生体质健康干预和学生体质健康决策（档案）。

"云管理平台+学生体质健康"模式，充分发挥了云平台的数据信息处理功能。一方面，提升了整体体质健康测试以及学生健康服务的及时性、高效性和便捷性。另一方面，为学生体质健康信息管理提供全新的工作方式，使学生体质健康管理更加全面，同时对学生体质健康弱项具有警示性与干预措施的针对性。

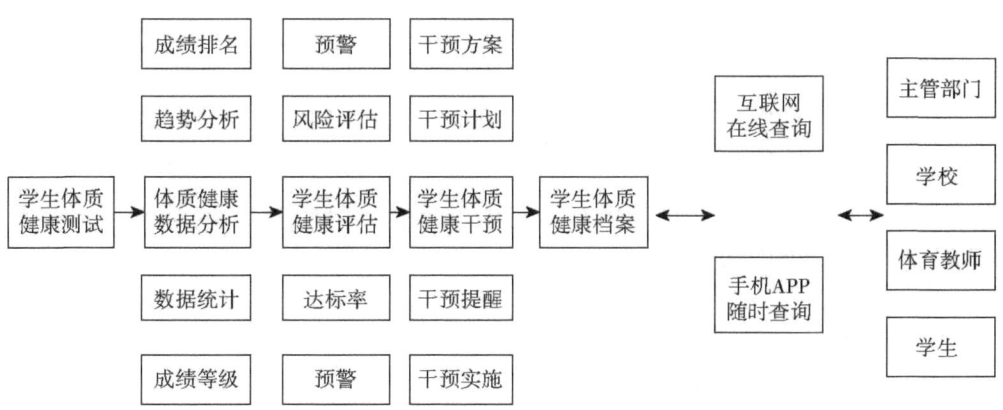

图5-6 基于云管理平台的体质健康管理体系

（二）云管理模式下的学生体质健康促进路径

1. 云管理模式下学生体质健康预警标准

预警一词是在 20 世纪 50 年代冷战时期提出的，最初应用在军事领域，后期发展到环境管理、公共卫生等领域。预警不仅是一个重要的概念，也是一种方法，它是指在灾害或灾难以及其他需要堤防的危险发生之前，根据以往总结的规律或观测到的可能性前兆，向相关部门发出紧急信号，报告危险情况，以避免危害在不知情或准备不足的情况下发生，从而最大限度地减轻危害所造成的损失的行为。本研究认为，学生体质健康预警则主要是以《国家学生体质健康标准》等级的评定为依据，以学生体质测试成绩为基础，对大学生体质测试成绩进行系统化的评价，对学生体质健康的总分（等级）及个体体质健康的非均衡性作出判断并作出相应预警的一种方法。

2. 云管理模式下的学生体质健康预警信息反馈量表

从根本上来讲，单一的等级预警无法完全发挥学生体质健康预警的真正目的，只有学生真正了解到其机体机能现状以及可能存在的风险才能增强学生对自身体质的关注度。因此，制定体质健康预警信息反馈表就显得尤为重要。制定学生体质健康预警信息反馈表的重点，是对学生预警等级内容加以说明，并以"档案"的形式反馈给学生、体育教师。一方面，学生通过信息反馈表能够具体了解其体质健康指标处于何种水平，并依据预警提示进行有针对性的练习，强化"弱项"指标。对学生体质健康信息的反馈，加强了学生自身体质状况的认知功能，从而在心理层面产生一种紧迫感，促使学生对体质健康的评价结果重新审视，进而产生相应的体育锻炼行为。另一方面，体育教师可以依据学生预警对学生进行针对性的辅导，达到分层教学的目的，不仅可以提高整体上课效率，而且可以保证学生整体体质健康水平的提高。

3. 云管理模式下的学生体质健康运动干预处方

20 世纪 50 年代，美国生物学家拉波维奇（kapovich）提出"运动处方"这一概念，随着临床医学的迅速发展，"运动处方"受到了广泛的重视，与此同时，运动处方被广泛运用到课外体育锻炼、健身和体质健康测试等方面。通过对近几年学生体质测试结果进行跟踪观测,发现学生体质测试在国家体质健康政策的引导下依然没有得到相应的改善,究其原因,主要是学生明确知道自己在体质健康测试中不足的项目,但应对这些项目作出相应的练习加以改善却十分模糊,部分学生对体育及相关运动知识掌握不足,导致学生不能正确地选择适宜的运动项目来改善自身的体质。因此,学校体质健康管理部门应根据学生体质健康测试成绩,制定符合实际情况的运动处方,来指导学生有计划、有针对性地进行体质锻炼。基于此,本文通过对苏州大学体质健康测试中心的相关专家访谈以及对从事健身行业的教练员调查,制定了针对学生体质健康项目的运动处方(表5-1),为学生更有针对性的锻炼提供一个理论参考。

表5-1 大学生体质健康测试项目运动处方干预统计表

类型	指标	运动处方干预内容
身体形态	低体重	晨跑、快走、骑车、半卧、跳舞、漫步、保龄球等
	超重/肥胖	跑步、快走、小步跑、羽毛球、乒乓球(非比赛)、游泳、健身器械等
身体机能	肺活量	跳绳、游戏、有氧健身操、平地快走、平地慢跑、健身跑台、健身功率、自行车等
	50米跑	哑铃摆臂、反方向加速跑、小步跑、50米变速跑、羽毛球、乒乓球(比赛对抗)等
	坐位体前屈	太极拳、瑜伽、体操、弓箭步走、弓箭步压腿、甸步压腿、跨栏步压腿等
身体素质	立定跳远	登山、高抬腿、跳绳、跳台阶、后蹬跑、深蹲起、蛙跳、负重提踵、足球、轮滑、跳深等
	引体向上	双摇跳绳、俯卧撑、倒立、哑铃平举、杠铃斜推、大飞鸟、双杠支撑垂摆、篮球、排球(娱乐)等
	仰卧起坐	平板支撑、仰卧起坐、仰卧举腿、悬挂举腿、仰卧交叉转体、侧卧举腿等
	800米/1000米	登山、晨跑、快步走、100米变速跑、功率自行车、游泳、变速跑、羽毛球(非比赛)等

第六章 学生体质健康促进运动处方

第一节 学生身体素质的运动处方

一、运动处方概念

"处方"这个名词最初属于医学领域,意思是医生给患者开出的药单,若是患病的症状或者是相同的病症但是所处阶段不一样,是不能使用一样的药单的。那么转换到体育运动方面也是相同的道理,要想在锻炼时运用科学的方法,提升自己的健康质量,预防和对抗疾病的发生,也要做到"对症下药"。这里的运动处方,指的就是康复体力测试,从事运动治疗职业的康复医师,也可以称为体疗师,针对进行体育活动的人或者是患有病症的人,按照正规的医学检查后得出的信息,根据他的健康程度、体力状况、心血管的功能等数据,利用处方的方式制定锻炼的方法,具体包括运动的内容、运动时间和强度。运动处方的作用主要是让锻炼更加有目标、有计划,同时更加科学。

二、运动处方的作用

(一)运动处方对心血管系统的作用

运动处方的关键治疗方式是耐力运动,并且这种运动是中等强度的,属于有氧代谢的类型,也被称作有氧运动。通常状态下,有氧运动发挥着重要的作用,能够提升心血管系统运输氧气的水平、能够更快地将体内的代谢物质排出体外、对于做工状态下的肌肉能够提高吸取氧气的水平、对于组织而言在用氧时能力更强。根据运动处方给出的运动方式来锻炼,可以减慢人的心脏跳动频率,促进血压保持较为平稳的状态,增加心室泵出的血液量,让心血管系统在进行代偿功能时表现出更高的水平。然而，若是患有心脏病的人一定要仔细思考，慎重选择，像那些天生就患有主动脉瓣狭窄症状的孩子，若是有幅度大一点的运动，就很容易产生疲劳感，在有氧运动方面表现的水平也会下降，如果勉强坚持运动，很可能导致昏迷、胸痛，少数人在严重情况下会出现死亡。

（二）运动处方对呼吸系统的作用

实施运动处方可增强呼吸系统的通气量、摄氧能力，改善呼吸系统的功能状态。

（三）运动处方对运动系统的作用

按照运动处方来进行锻炼，对运动系统表现出强大的作用力，对于肌肉有着促进作用。比如，让肌肉拥有更强的力量、增加它的耐力、使其更具有协调性；可以增强关节的活动能力，扩大其活动幅度；在促进骨骼生长方面表现良好；增强对本体感受器的刺激作用，在进行体育活动时保持条件反射；让运动系统中的血液和淋巴具有更强的循环能力，减少肿胀和疼痛的出现。

（四）运动处方对消化系统的作用

按照运动处方来进行锻炼，对消化系统也有很强大的促进效果，在吸收和消化营养上表现出更强的能力，让人们的食欲变得更好，让胆汁的合成和排出功能更加强大，降低胆石症出现的概率，加快胃肠的运动速度，减少便秘的发生等。

（五）运动处方对神经系统的作用

按照运动处方来进行锻炼，对于中枢神经系统也具有十分明显的作用，使其具有的兴奋或抑制能力变得更加强大，在大脑皮质以及神经和体液的调节作用上有一定的改善和提高作用，让神经系统的调节功能表现出更明显的效果。

（六）对体脂的作用

按照运动处方来进行长时间和中等强度的锻炼，在降低脂肪上表现良好，还能够起到预防疾病发生的作用，同时还能让身体更健康，变得更美丽。

三、运动处方的种类

运动处方主要包括下面这两种方式。

（一）治疗性运动处方

主要作用是治疗一些病症或者是简单的外伤，它起到的作用主要是将体育方面的医疗变得更加个性化，然后定量来运动。举个例子，有一个人肥胖程度为中等，体重超出正常值10公斤左右，针对他的情况，可以制订爬山计划，一天花费1小时左右，坚持4个月，体重就会减到他正常状态的数值，也就是让运动处方发挥它在治疗上的作用。

（二）预防性运动处方

这种性质的处方主要作用是增强自己的体质，减少疾病的发生。正常人到了中年，身体的各项机能都开始出现下降，就很容易产生动脉硬化这种病症。针对动脉硬化这个病症，运动处方给出的治疗方案是进行耐力跑，但强度要保持在中等，这样就不会轻易出现脂肪和胆固醇等的沉积，就能很好地降低动脉硬化出现的概率。这种方式就是具有预防性质的处方。

四、运动处方的内容

（一）运动项目

在选择运动方式时，一定要按照运动者的具体适合情况和最终目标来制定。如果运动者的目的是想要健身，或者是加强自己的心脏功能和促进的代谢、达到一些预防疾病的目的，最适合的是一些耐力型的运动方式，促进身体的有氧代谢，如慢跑、游泳、自行车等活动；若是想要锻炼肌肉能力，最适合的是一些力量型的运动；若只是想要放松精神状态、降低高血压出现的概率，最适合的是打太极拳、散步以及简单的体操等。

（二）运动强度

对运动强度进行解释，它的意思是指在一定时间内，运动者进行的运动量。

想要表示出运动的强度是多少,一般可以用心率、速度等的名词来进行描述。在锻炼时起最主要作用的就是运动的强度大小,所以,在制定运动处方时要把握好运动强度,它会对最后出现的效果产生重大作用。

(三) 运动时间

运动时间的意思比较简单,就是单次进行运动时花费的时间,这个时间是与运动处方制定的运动强度相符合时的不间断的时间。运动时坚持多长时间,应该按照不同的个人条件、医学检测数据、运动的频率等来具体安排。

(四) 运动频度

也就是每周具体进行过多少次的运动。若是在运动期间出现了中断,这个中断的时间不论是过长还是过短,最后的效果都会受到一定的影响。

(五) 运动处方的格式

在制定运动处方时,因个人具体情况而定,每个人是不一样的,但是处方中应该包括一些固定的内容。比如,不能进行的运动方式、运动时怎样自我监督、中断运动的特殊状况等。无论是给出处方,还是按照处方运动,一定要坚决按照个性化和渐进性的原则,根据医学上的要求,保证更高的安全度。

五、运动的种类

人体的体质适应水平在判断自身的活跃性上具有较好的效果,而若是能够长时间坚持固定的运动,对于体适能则会有很大的提升作用。对于不一样的体适能素质,应该制定不一样的运动方式来起到提升作用。所以对于运动中的患者,制定的运动方式应该是不一样的,如带氧运动、伸展运动、增强肌肉的运动等多种类型。

(一) 带氧运动

带氧运动意思是指所有可以加快呼吸和心跳的速度的、在肌肉进行额外工作时能够供应充分的氧气量的一种运动方式。一般情况下,这种类型的运动在进行时要调动较大肌群工作,还要保持一定的规律性。在增强心肺和肌肉的耐力方面,带氧运动表现的效果良好,除此之外,还有步行、游泳、跳绳等简单运动在减少体重上也有很大帮助。

(二)锻炼肌力运动/阻力运动

对这个类型的运动进行解释,它的意思是指,在增强肌肉耐力和接受阻力方面起作用的一部分运动方式。在肌力和骨质密度方面,该种类型的运动起到的改善效果十分明显。

该种类型的运动还可以再进一步划分成两种,一种是肢体不发生位移的被称作等长运动,一种是需要肢体进行位移的被称作等张运动。例如,举重、掌上压等。

(三)伸展运动

伸展运动是指任何可增加肌肉伸长度及关节移动范围的轻缓伸展活动。这种运动可以改善锻炼者的柔韧度。例如,游泳、瑜伽等。

六、运动强度的分级

运动强度的分级见表6-1。

表6-1 运动强度分级表

占最大心率的百分比(%)	运动强度	占最大心率的百分比(%)	运动强度
<35	极轻度	70~89	重度
35~55	轻度	90~99	极重度
56~69	中度	100	最大度

患有糖尿病的人要想保持正常的身体状态,他在进行运动时,心率应该保持在正常人心率最高值的70%,按照不同的情况有一定的浮动空间,为50%~80%。在判断运动强度时,评定的指标若使用的是心率值,要关注患者的吃药情况,查看是否会造成心率波动。在判断运动强度大小时,也可以采用自我感觉的方法,自我感觉比较方便,能够和观察心率值的方式配合起来达到测量的目的。

第二节 学生体重运动处方

讲到控制体重这个方面，一般人下意识联想到的就是减肥，但实际来说，控制体重不仅仅是减肥，还涵盖了增重，这里所说的增重指的是增加肌肉的重量。因为现在减肥的人群比较庞大，很多人对这方面很关注，所以这里就将减肥作为例子来进行分析和研究。实际上，减肥在社会之中已经是一个很普遍的现象。为了满足减肥人群的需求，社会中出现很多的减肥方式，如吃减肥药、喝减肥茶、按摩减肥、针灸减肥等，几乎是费尽了心思。但是这些减肥的办法究竟有没有作用，是不是具有科学性，是否通过实验来进行过论证，我们都不敢轻易给出结论。然而我们现在能够确定的是，按照我国的科学研究和有能力翻阅的文献资料，不管是哪个国家或地区都没有找到减肥的特效药，也没有一种独门绝技是专为减肥而生的。

就像上面所讨论的内容，经常出现的体重变化主要原因是身体内的能量不均衡，所以，在控制体重时应该重点关注的是保持能量的平衡。简单来说，就是一句俗语"管住嘴，迈开腿"。然而，在现实的世界里，很多人不仅无法控制自己对美食的欲望，不能正确地取舍丰富多样的食物；而且没有一个科学的方法，以为自己随便在跑步机上跑一段，或是随便打几场球出点汗就能起到减肥作用。总的来说，认为自己的运动只要是出了很多汗和身体酸痛就会有效果，但是这种随意的锻炼方法并没有什么实质作用，还很有可能对身体健康产生一定的损害。所以，很多人往往不能将锻炼坚持下去。

出现这种状况主要是因为人们对于人体能量的消耗没有形成一个较为清晰的认知。所以，人们对于运动的方式和饮食的选择通常不具有科学性。在了解了原因之后，我们如何进行体育运动才能保持科学性，同时又能够控制自己的体重呢？答案就是利用具有特性的运动处方。这里说的具有特性的运动处方指的是，根据不同运动者的实际情况，找出真实影响的因素，按照每个人的能量消耗的方式，制定一个独特的、要求不一样的运动方式和时间以及强度，另外在饮食方面也要保持科学性的一种方法。

一、增加体重的运动处方

（一）饮食方面

增加体重的最好方式就是摄入更多高蛋白质和高热量的食物。含有大量浓缩形式的蛋白质和具有很高的热量的食物，如乳酪成分过高的蛋糕、一些西点等，每次少吃一点，但增加吃的次数，用饭后在恰当的时间再进食一些木瓜酵素或综合酵素，能够很好地帮助胃部消化。

但是我们在挑选蛋白质时，应该按照什么要求来呢？

一般应该选择一些含有蛋白质较好的食物，如日常的鸡蛋、牛奶和肉类等，每天所需的蛋白质要有超过50%都是来自这些食物。在植物性蛋白质的摄入上，最好是摄取那些经过分离萃取产生的粉末状态的黄豆蛋白，这样就能减少植物纤维对吸收的阻碍作用。关于是选择吃肉还是喝牛奶，若是想要节约时间还想要达到好的效果，选择喝高蛋白奶粉也是一种不错的方式。

（二）借助哑铃、杠铃与训练器材的使用

配合大肌肉群的完全收缩与放松，可以实现肌肉的建造工程。什么叫大肌肉群呢，就是我们所谓的胸肌、腹肌、背肌、腿肌、二头肌及三头肌。经由重量训练与饮食补充，可使大肌肉群成长，相对地便会累积一些体重。

二、减肥的运动处方

（一）肥胖儿童的运动处方

1. 运动项目

这种情况最好是选择那些简单的移动身体就可以进行运动的活动，如长跑、跳绳、游泳等。若是情况允许，场地也可以是室内，跑步机和用于活动的平板上就可以简单地运动。

2. 运动强度

身体形态肥胖的一些儿童，因为体重值较高、心肺功能一般不好，这种情况不能选择强度太大的运动方式。以心率值来判断他们适合的运动强度，在进行活动时，心率值要达到60%~70%最高心率的值，运动的前期允许低一点的心率，最好保持在100~110次/分；若是以耗氧量来判断他们适合的运动强度，进行有氧运动的标准应该在个人耗氧量极值的50%~60%。

3. 运动频率

若是儿童的体态过于肥胖，想要通过运动的方式来减少体重，要做到的不仅是降低身体内的脂肪比例，还应该注意养成他们持续性的运动理念和习惯，这样在他们长大成年后体重才会较为理想和符合正常标准。在运动频率上要合理把握，不致使儿童出现厌烦和恐惧从而出现中断想象，这个频率一般保持在每周3~4次最好。

4. 运动时间

按照儿童肥胖状况的不同，以及想要达到的体重目标还有适合的运动承受能力来计划运动应该保持的时间，可以是几个月，也可以是几年。但是单次锻炼的时间应该在半小时以上。在正式运动前10~15分钟要做一些简单的肢体动作，将身体活动开，当然在运动结束后也要花相同时间进行后续整理。除了这些，也要注意运动选择在什么时候进行，因为人体具有一定的生物节律周期性变化，尽管运动方式是一样的，在下午和晚上运动消耗的能量会比上午多，一般会多出20%，所以我们要想进行更有效的锻炼，最好选择在晚饭前的2小时内进行，这样会减去更多的人体脂肪。

（二）青年肥胖者的运动处方

相对于肥胖人群里的儿童和中老年人，处于青年的肥胖者拥有较好的体力，能够承受更高的疲累度，所以在运动的强度上和时间上可以合理地提升。

1. 运动项目

长跑、步行、游泳、划船、爬山等，也可练习有氧体操，如健美操、迪斯科和球类运动等。

2. 运动强度

一般运动强度可达本人最大吸氧量的 60%~70%，或最高心率的 70%~80%。

3. 运动频率

因为很多处于青年阶段的人在减肥方面有很强烈的欲望，通常都很自觉，要想让减肥的效果更明显，运动的频率可以根据实际情况加大，但一周不应超过 5 次。

4. 运动时间

时间一定要充分，要超过 1 小时，坚持多长时间按照自己减肥的目标来确定。要注意的是晚饭前的 2 小时坚持运动，效果一定很好。

第三节 学生心肺功能运动处方

一、提高心肺功能适应水平的运动处方

增强自己的心肺功能，拥有更高的适应水平有什么好的影响呢？最直接的表现就是降低患心脏病的概率，增加寿命。除此之外，对于 II 型糖尿病有一定的抑制作用，使血压保持在正常范围内，还有利于加大骨骼密度。拥有的心肺系统机能越强，就会表现出越充沛的精力，在工作上可以提高效率、减少疲劳，还会拥有较高的睡眠质量。

（一）准备活动

进行准备活动，主要作用是提升心率，让身体的温度变得更高，加大肌肉的血流量。一般情况下准备活动只需要 5~15 分钟，并且动作要是轻度的，让自己的身体慢慢达到可以进行强度较高运动的状态。采用的运动方式不同，也要对应着做不同的准备活动。

（二）锻炼模式

锻炼模式是运动处方中最主要的组成部分，它包括锻炼方式、频率、强度和持续时间等。

1. 锻炼方式

要想提高自己的心肺机能，一般常用的方法有步行、慢跑、游泳等，只要是调动了自己的大肌肉群工作的、节奏比较慢的体育活动，都能够起到锻炼的作用。

进行的活动方式，一方面要满足自己的喜好，这样才能有坚持下去的动力，另一方面要考虑实施是否现实和具有的安全度高不高。很多情况下，若是运动的冲击力强度太大，则造成运动者受伤的可能性就越大，如游泳和骑自行车，很明显骑自行车的安全度更高一些。若是运动者的体质属于那种易受伤的，在进行锻炼活动时最好选那些冲击强度不高的运动，若是正常的体质，就不必考虑这个情况了。在过去，人们在运动时通常是单一的运动方式，不但觉得没有乐趣，还很容易出现受伤的状况。所以在选择锻炼方式时，可以锻炼多个运动，让运动具有多元性。

2. 锻炼频率

运动的频率也要把握好，一周两次就能达到提高心肺功能的目的，当然提到 3~5 次效果就能到达最佳，若是次数大于 5 次，不会额外出现更好的现象，所以频率在每周 2~5 次就可以。

3. 运动强度

运动强度接近 50% VO_{2max} 时即可增强心肺功能适应能力，故常把这一强度称为锻炼阈，目前推荐的运动强度范围为 50%~85% 最大摄氧量。

4. 持续时间

想要不断增强心肺功能，能够达到实际效果的运动时间应该保持在 20~60 分钟。在一开始的时候，很多人对于运动的强度总是不太适应的，因此能够坚持的时间也不尽相同。如果一个人的适应能力不好，那么他通过 20~30 分钟的运动就能够将自己的心肺能力提高，但是相对于能力强的人就要花费更多的时间，也许是 40～60 分钟。

（三）整理活动

完成每一次的体育活动后，一定要留出做整理活动的时间。这样做是为了让身体内的血液再流回心脏，防止因为运动导致的血液大多停留在上下肢体的部位而出现头晕甚至昏迷的症状，除此之外，还有缓解身体的酸痛感和心律不齐的问题。在整个整理活动过程中，需要留出最少 5 分钟的时间，用来进行一些强度不大的活动，如步行和一些伸展活动。

二、增强肌肉力量、耐力的运动处方

肌肉力量、耐力练习主要包括以下几个原则。

（一）渐增阻力原则

渐增阻力原则是超负荷在肌肉力量、耐力练习中的应用。尽管超负荷原则与渐增阻力原则可以相互替换，但在力量练习中，则常用渐增阻力原则。渐增阻力原则指肌肉力量、耐力因超负荷训练而增加，但由于力量、耐力的增长，原来的超负荷则变成了非超负荷或低负荷，此时如果不增加负荷，则力量、耐力就不能增长，因此力量练习必须遵循渐增阻力原则。

（二）专门性原则

想要不断提高自己的力量和耐力，在选择运动的方式时最先关注的应该是运动方式对于这两项的要求如何。一方面，训练的时候应该专门针对在耐力和力量上不足的肌肉，举例来说，腰部力量不行，应该专门针对腰部的肌肉来锻炼，只是活动自己的上肢没有太大作用；另一方面，在运动强度上也要注意，一次性强度就很大的运动，应该减少次数，反之应该增加次数。

（三）系统性原则

很多事情遵循的都是用进废退的规则，进行力量锻炼也应该具有 1 年内的系统性地规划。调查结果显示，如果在运动时频率很高，运动后明显快速提升了肌肉力量，那么他停止运动后，下降的速度也不会慢，反之，频率低、运动时间较多的，停止后，力量消退就慢。

三、提高心肺耐力的运动处方

（一）快步走

在众多的体育运动方式里，步行是一种最安全的方式，并且它不会受限于时间，也不用规定地点，然而它具有的强度非常低，所以在时间上就会要求长一点才能达到锻炼效果。在步行运动时，速度应该尽量快一点，最高达到100米/分钟（这时候大致与快速通过红绿灯路口的速度相同），每一次步行锻炼的时间最少应该是20分钟，当然要想有更好的效果，1个小时就足够了，频率允许是1天/次或2天/次。

（二）慢跑

在慢跑时，你的全身都在运动，不仅能起到加强内部器官的作用，也能够促进身体各部位的关键肌肉群的增长。跑步时选择的场地尽量是那些空气较好、没有太多来往车辆的、比较平坦无阻碍的地方，在时间上尽量选择早晨和傍晚。单次进行慢跑的时间要保持超过10分钟，速率要控制在5分钟后背部和前额微微出汗时的速度，坚持一定的时间后，可以再增加10~20分钟。第一次锻炼时，可以走和跑相结合，等到身体状态能够适应后，再改为一直慢跑。

（三）游泳

在增强心血管和呼吸系统能力方面，游泳也能起到很好的效果。人在游泳时，一定要战胜水带给人的阻力，这样心脏的跳动就会更有力量，还要加大自己的呼吸力。通常情况下要考虑强度是否合适，若是心率的数值在120~130次/分，体质状况不好的人以及那些有心血管类型的病症的人，应该降低游泳时的轻度，或者是避免游泳这个运动，并且锻炼时应该有人在一旁看护；每次游泳的时间应该保持超过20~30分钟。但是那些新的运动者应该减少每次的游泳时间，随时间逐步增加。

（四）爬楼梯

若是进行爬楼梯这项运动方式，在场地和锻炼器材上没有太多要求，很轻松地就能进行。爬楼梯能够增强血液循环能力，增加心输出量，这样人体摄入的氧气与正常平静状态下相比，能够多 8~10 倍，在提高心肺能力和肌肉的力量方面具有更好的效果。在最初的锻炼中，不应该进行过量的运动，宜保持在 4~5 层，后面再加大层数，但运动的强度要始终维持在中低等水平，避免出现一些头晕、胸闷的症状，最好是不要太劳累。在心肺上有病症的人应该按照医生建议，在运动时必须有看护人员在场。

第四节　学生身体力量和耐力运动处方

一、力量素质训练

对力量素质进行解释，它的意思是在身体进行一些活动时，调动肌肉进行工作战胜各方面压力后所呈现的能量值以及耐力大小。它是人们做一些体育运动时应该具备的一个基本前提，也是学习运动技术以及达到运动效果的前提，并且也是影响身体健康的关键。根据调查显示，人们进行一场较长时间的羽毛球运动，在场地上来回移动的次数有 500 次上下，在运动时调动了多方面的肢体以及肌肉的力量。

（一）上肢力量

在进行羽毛球活动时，重点要加大自己的上肢力量，这样在提起球拍打球的时候力量和速度都会增加，让出球变得更加凶猛，会让对方感到威胁和惧怕。

想要增强上肢力量，关键应该锻炼的部位是手腕、前臂、上臂以及肩部等，不断加强这些部位的肌肉。

下面是一些常用的训练方法。

（1）持哑铃练习

哑铃推举哑铃体前平举；哑铃前平举；哑铃俯立侧平举；哑铃扩胸；哑铃两臂交换摆动；哑铃侧平举；哑铃前臂屈伸；哑铃体前臂交换推；哑铃臂环绕。

(2) 徒手练习

墙手倒立；墙手侧立臂屈伸；俯卧撑；俯卧撑推起击掌；指卧撑；仰卧撑。

(3) 双人练习

①牵拉：两人面对面站立，两腿前后分开，两人的同侧脚相对顶住，同侧的手互握，两手同时用力牵拉对方，一方的脚离地为失败。

②抗阻力臂屈伸：两人面对面站立，两手指交叉互握，做抗阻力的臂屈伸练习 20~30 次。练习时两人的脚均不得离地。

③推小车：练习者直接俯撑，身体挺直，同伴握其双脚跟抬起他的身体，做快速的双手撑地向前爬行练习，也可攀台阶。

（二）下肢力量

下肢力量训练是关键。下肢运动的特点是前、后、左、右等方面的转换步法。因此，加强下肢力量训练，能够为快速移动步法打下良好的基础。

下肢力量训练主要是发展髋部（骨盆部）、腿部（大、小腿）、足部（踝关节）。

常用的训练方法主要包括下面这些。

(1) 徒手练习

静力半蹲；单腿蹲起；蹲起；单足跳；纵跳；屈体跳；侧向跳；挺身跳；立定三级跳、多级跳；蛙跳；跳起抱；跳起转身。

(2) 双人练习

驮人跳；小腿力量对抗；拉手单足跳；侧弓步交换跳；挂肘跳；跳人马。

(3) 沙袋球、实心球练习

俯卧双脚夹球后摆起；俯卧双脚夹球腿屈伸；双脚夹球上抛；双脚夹球前抛；双脚夹球后抛；双脚夹球侧抛；双脚夹球向前蹲跳；跳跃沙袋球、实心球。

(4) 杠铃练习

肩负杠铃提踵；肩负杠铃蹲起；肩负杠铃半蹲起；肩负杠铃弓箭步换腿跳；肩负杠铃半蹲跳；肩负杠铃左右侧跨跳；肩负杠铃前、后、左、右跳；肩负杠铃弓箭步走；肩负杠铃蹬上台阶。

（三）躯干肌肉群（腹、背肌）力量

羽毛球运动中的转体步法，各种扣杀动作以及上网救球后回中心等多种动

作，都需要强有力的躯干肌肉力量。因此，对羽毛球运动员来说，不能忽视提高躯干肌肉群（腹、背肌）的力量。

躯干肌肉群（腹、背肌）力量的一般训练方法和专项训练方法基本相同。常用方法有以下几种。

（1）徒手练习

仰卧起坐；仰卧举腿；仰卧两头起；仰卧蹬伸；俯卧体后屈；仰卧起坐转体；俯卧体后屈转体。

（2）肋木练习

背悬垂直腿上举；背悬垂屈腿上举；背悬垂侧举腿；背悬垂举腿绕环。

（3）沙背心、沙护腿练习

背屈伸转体；侧屈体；马头仰卧举腿；斜板仰卧起坐；俯卧举腿；仰卧两头起。

二、耐力素质

耐力素质是指人体在长时间进行工作或运动中克服疲劳的能力，也是反映人体健康水平或体质强弱的一个重要标志，主要包括发展有氧耐力和无氧耐力。

有氧耐力：是指长时间进行有氧供能的工作能力。多采用长跑、长距离游泳等方法。负荷强度为最大负荷强度的 75%～85%，心率在 140～170 次/分。时间最少 5 分钟，一般在 15 分钟以上。

无氧耐力：缺氧状态下，长时间对肌肉收缩供能的工作能力。常采用短时间，最大用力和短暂休息的重复运动的方法进行。大约 1 分钟，持续剧烈的运动，如快速的间歇跑、重复跑、400 米跑、对抗性球类比赛等。

三、有氧运动排行榜

（一）跆拳道

运动优点：有利于减少脂肪、增加肌肉、使身体变得轻盈敏捷；对抗性运动，增加身体灵活性和协调性；由于跆拳道的发力部位在于腰身，所以瘦腰的效果最为明显。

运动周期：每周 2~3 次，每次 1~2 个小时。

热量消耗：约 700 千卡/小时。

（二）游泳

运动优点：游泳是克服水的阻力而不是克服重力，肌肉和关节不易受损，能有效保护膝关节；冷水缓解下运动，热量消耗大，配合节食，属于减肥效果显著的运动。

运动周期：每周 3~4 次，每次 30~60 分钟。

热量消耗：约 650 千卡/小时。

（三）慢跑

运动优点：第一能够保证睡眠在质量上得到提升，坚持跑步运动，会有效提高大脑供应血液和氧气的能力，比例在 20% 左右，因此晚上就会睡得更好；第二还具有"通风"的功能，跑步能够提升肺部容量，数值能由原来的 5.8 升变为 6.2 升，另外，血液会携带更多的氧气；第三对心脏起到一定的保护作用，改善人的心跳频率和血压，使血管壁具有更强的弹性；第四具有解压的作用，慢跑会减少肾上腺素和皮质醇的分泌，降低人的紧张感，同时让人感觉更加轻松。

运动周期：每周 3~4 次，每次 40~60 分钟。

热量消耗：约 650 千卡/小时。

（四）网球

运动优点：打网球看上去是用手打，其实是用腰腹等核心力量打，尤其是对增加腰腹力量很有需要。讲究美感和韵律感，打网球不需要多大的劲，但可以培养动作的节奏感和身体的协调能力。

运动周期：每周 3~4 次，每次 40~60 分钟。

热量消耗：约 560 千卡/小时。

（五）自行车

运动优点：预防大脑老化，提高神经系统的敏感度；提高心肺功能，锻炼下肢肌力和增强全身耐力。骑自行车对内脏器官的耐力锻炼效果与游泳和跑步相同。自行车还可以瘦身，是周期性的有氧运动，热量消耗较多。对颈椎病、腰椎间盘突出等有很好的锻炼和康复效果。

运动周期：每周 3~4 次，每次 40~60 分钟。

热量消耗：约 420 千卡/小时。

四、有氧运动的健身观点

美国名气较大的库珀，他在医学预防上有很大的研究成果，同时他很长一段时间内还是美国总统的私人医生，是第一个创立"有氧健身运动"的人。他有一个看法，人的寿命以及健康程度很大程度上由预防疾病来决定的，而不是依靠医生和别人；比较于预防，所有等到生病了才去进行治疗的方法都已经没有太大意义了。根据他的实际研究调查，他证实了自己提出的说法。

（一）适度锻炼

在做一些体育运动时，如果长期的运动量都很大，很容易造成身体受损的后果，举个例子来说，每周的跑步里程在 24.1 公里之上就可以看作是过量的情况。专业人士给出的意见是每周运动 3~4 次，每次持续的时间是半小时。根据库珀的看法，合适的运动量，在减少心血管病和癌症方面有很大效果。

（二）疾走健身

根据库珀对于疾走这项运动的看法，最合适的量是 12 分钟走 1.61 公里，与慢跑的 9 分钟 1.61 公里相比，效果会更好一点，并且还能减少膝关节的运动量。

（三）见缝插针

运动的场地可以随便更换，没必要非选体育馆，时间上也不必有太多限制，在一些零散的空闲时间也能进行锻炼。每天做家务、遛狗、洗车等活动的时间，加起来达到半小时，也能够实现锻炼的目的。

（四）交替锻炼

在运动的长时间阶段里，没必要拘泥于一种锻炼方法，可以不断调整和变换，今天跑步，明天可以换为游泳；另外在跑步时也可以改变自己的速度，让自己的心脏变得更强大。

（五）不以体重论健康

一般长时间的体育运动都能够减去一定的体重值，但仅观察体重代表不了一切。那些经常锻炼的人，尽管体重值很大，但是相比于那些不锻炼的较瘦的人，他们的身体素质会更强。因此，没必要为自己的体重过高而耿耿于怀。

（六）多管齐下

让身体变得更健康是一种具有系统性的工程，尽管在促进身心健康方面，体育运动的作用良好，但也无法做到兼顾一切。因此，在日常的生活里也要加大对饮食的关注度，保持健康的生活习惯，放松精神状态。

（七）从娃娃抓起

在健身方面，父母应该树立一个好榜样，让孩子从小养成锻炼的意识。若是孩子在学校，就应该观察他在学校里是否坚持了锻炼，若是不够或者没有，就应该在课外时间增加运动达到锻炼的目的。举例来说，如果孩子的上学路程不远，最好让他选择步行或者是骑自行车。放学之后，不要让孩子长时间接触电视和电脑，监督他们多进行室外的活动，另外也要控制孩子们的快餐食品数量。

第五节 学生身体柔韧性运动处方

一、生理概念

柔韧性是指人体关节活动幅度以及关节韧带、肌腱、肌肉、皮肤和其他组织的弹性和伸展能力，即关节和关节系统的活动范围。

对柔韧性进行分类，即主动和被动两种类型。主动型指的是依靠肌肉的力量让关节的活动幅度达到最大；被动型是指不借助外力，关节自身活动幅度的最大值。通常情况下，在被动型的柔韧性方面，女性和小孩子表现得更为良好，然而他们用于关节活动的肌肉力量不够。但是，有一点可以肯定，在柔韧性方面，人体的主动型永远比不过被动型。

二、柔韧性练习

（一）上肢柔韧性练习

①正（反）压肩：正（反）手扶一定高度的物体，正压时体前屈直臂压肩，反压时下蹲直臂压肩。

②悬垂：正（反）手握单杠或其他物体，人体保持悬垂姿态。

③牵引：利用社区健身点的上肢牵引器械两臂交替练习。

④转肩：双手握住1米左右的棍、绳、毛巾等物的两端，直臂或屈臂做体前和体后的转肩。

（二）下肢柔韧性练习

①弓箭步压腿。

②后拉腿：一手扶一定高度的物体，另一手抓异侧的脚背，向后拉腿。

③正（侧）压腿：正（侧）立单脚支撑，一腿搁于一定高度的物体上，两膝伸直，身体前倾（侧屈）下压。

（三）腰腹部柔韧性练习

①坐（站）位体前屈。

②站位体侧屈。

③转体。

（四）拉伸大腿后部肌肉

坐在地上，右腿在体前伸直，左腿弯曲，外侧贴近地面，与右腿组成三角形，背部挺直，从胯部开始前倾，双手抓住右脚脚尖，保持这个姿势30秒，手触脚尖时不允许有弹动式动作（触不到脚尖也没关系）。换腿做，每条腿拉伸3~5次。

1. 拉伸大腿内侧肌肉——方法一

坐姿，双脚脚底在身前相互贴紧，膝盖向外撑并尽量靠近地面，双手抓住双脚踝，保持这个姿势，数10个数，放松。然后重复3~5次。

2. 拉伸大腿内侧肌肉——方法二

坐姿，双脚在体前伸直并分开，保持背部和膝盖部挺直，从胯部向前屈体，双手从腿内侧去抓住双腿的脚踝，保持这个姿势，感觉大腿内侧被拉紧，放松。然后重复3~5次。

3. 拉伸小腿（后部）肌肉

俯身，用双臂和一条腿（伸直，脚尖着地）支撑身体，另一条腿屈于体前放松，身体重心集中于支撑脚的脚尖处，脚跟向后、向下用力，感觉到腿后部肌肉被拉紧，保持紧张状态，数10个数，放松。重复3次，然后换另一条腿做3次。

（五）拉伸背部肌肉

1. 坐姿

双腿在提前贴紧伸直，上身前倾用手指去碰触脚尖，尽量让腹部胸部靠近腿部，保持20秒，放松。重复3~5次。

2. 热身时需要活动的关节

肩关节、髋关节、膝关节、踝关节。

3. 肩部绕环练习

直立，双腿分开与肩同宽，手臂自然下垂，腹部用力收紧，双肩利用肩背肌群力量向后环绕10次，再向前环绕10次。单肩左右交替向后、向前环绕各10次。

4. 摆胯及绕胯练习

直立，双腿分开略比肩宽，双腿微屈，手放在胯骨上。上身正直，利用腰胯力量使胯部左右摆动各10次，注意腹部收紧。然后顺时针、逆时针环绕各10圈。

三、柔韧性练习方法

长时间坚持做一些伸展活动，在增强一些软组织的弹性上具有很好的效果。加大身体的柔韧性以后，关节部位的活动幅度会有显著提升，而且更加具有灵活性，在做各种肢体动作时，姿态就会更加协调、到位、好看。另外韧性变强了，在运动时以及平常的活动时，若是出现较大幅度和力量的动作，关节和肌肉就不会轻易出现损伤的现象。

（一）增强柔韧性的练习方法

1. 主动或被动的静力性伸展法

这种方法效果比较明显并且在生活中很常见，它在拉伸肌肉、肌腱、韧带等部位的时候力度较轻，并且会坚持一段时间，只会出现一些程度较轻的酸痛胀感觉。通常维持这种状态下的动作最好是在 10~30 秒，次数也要不间断达到 4~6 次。该方法在力量控制上较为容易，属于安全类型的，特别是针对那些初学者和运动少的人，可以有效减少拉伤的现象。

2. 主动或被动的动力性伸展法

这种方法要注意掌控节奏、保持较快的速度、不断增加运动的幅度，还要将一个动作重复很多遍。这里的主动和被动的区别主要体现在依靠力量上，主动是自己的力量，被动是借助外部的力量。在拉伸时，要考虑自己的实际承受力度，不能让运动的力量过猛或者过大，不然很容易造成韧带拉伤；在幅度上也要注意循序渐进，慢慢提升，减少损伤。

（二）增强柔韧性锻炼模式

1. 柔韧性练习强度

在做一些增强柔韧性的活动时，应该保持动作较慢、身体状态放松、不会出现太大痛感，若是身体发酸就要多加练习，若是出现痛和麻，应立即停止，柔韧性的增强是不断努力的结果。在不断增强柔韧度的阶段里，应该慢慢加大强度。

2. 柔韧性练习的时间和次数

在进行不同姿势增加柔韧度时，要持续性加长时间，增多次数，开始时可以是 10 秒，在后续阶段里可以增加到 30 秒，不同的姿势应该保证反复超过 3 次。日常的锻炼中，坚持 5~10 分钟就可以，但若是为了达到特定的目标，运动的时间要 15~30 分钟才足够。

3. 循序渐进、持之以恒

第一次进行活动时，出现不舒服的感觉是很常见的，也有可能伴随着酸痛感。坚持一段时间后，这种感觉会慢慢消失。但若是中断了柔韧性练习，本来的水平会逐渐下降。所以，做这种练习时一定要长时间坚持下去。

4. 柔韧性练习要全面

不管是运动前进行准备活动时做的伸展运动，还是针对特定目标所做的活动，在增强柔韧度时都应该考虑全面。在我们的各种身体活动里，需要我们身体的很多部位来互相配合。

5. 柔韧性练习后应结合放松练习

每次进行伸展活动时，都要做两个方向的活动，这样才能提升身体供血机能，让伸展肌群可以快速得到恢复，举个例子来说，在做完压腿动作后应该接着做几次屈腿的补充活动。

（三）安全告诫

①正式运动前的准备动作一定要到位，加热身体温度，让肌肉的阻力降到最低。

②做运动时，动作幅度应该循序渐进，同时每次都要尽可能地达到最大值，若是一蹴而就，就不太容易提升柔韧度，还有可能下降。

③在练习时，所有部位轮流进行，最先开始的通常是拉和压，然后伸展向外踢；循序渐进，不断增强。

④持之以恒，每天不间断，进步最快。

第七章 学生体质健康促进运动保健

第一节 体质健康促进运动实施的原则与方式

一、体育运动育人所遵循的原则

（一）体育教育与社会需要相结合

世界上任何一个国家在确定教育方向、教学内容和教学目标时，都要依据国家和教育部提出的教育要求，如增强体质健康、提高运动水平等。学生作为社会的需要和学习体育的主体，有很大的共通性。因此，进行体育教学不只是满足社会的要求，也是满足学生自己的目的。在正常的学习工作中、日常的生活里，体育运动一直有着很重要的地位，一直扮演着调节情绪、愉悦身心、促进健康、磨炼意志的重要角色。在很多高校里，一些教育人员对于体育运动也更加关注和重视。所以，目前高校安排的体育教学活动，是充分考虑了社会以及学生自身的要求后进行的，从而为终身运动奠定良好的基础。

（二）体育教育与育心相结合

时代在发展，我国的现代化也在不断进步，也就越来越凸显出教育在人们生活中培养心智的重要性。现在，我国很多家庭都存在独生子女的状况，只有一个孩子，很容易过分宠爱，要什么给什么，养成了一些孩子自私的性格，不能照顾好自己，离开父母家庭就很难生存，并且越来越严重。他们中的很多孩子不懂得尊重别人，不会包容理解，在合作时出现很多问题，无法融入集体之中，意志力十分脆弱，很难进行自我控制，心理承受能力差。所以，提高学生的心理素质势在必得，而且十分紧急，具有十分重要的意义。

高校展开体育教学活动，在加强学生心理素质方面具有非常重大的意义，是其他教学活动不能相比的。在今后的高校教育里,体育会和心理教育互相配合,并且随着社会不断进步变得更加广泛,更加发挥其强大的作用力。

(三)增强学生体质与为学生养成终身体育打基础相结合

学校开展体育教学活动,最主要的目的以及依据就是让学生拥有更强壮的身体,更健康的身体素质。所以,我国很多高校对于体育教学活动十分重视,密切关心着学生的身体健康状况。并且在1995年出台了《全民健身计划纲要》,这个纲要后续的实际执行,也让人们更加认定体育运动的重大意义。

二、体育运动方法方面所遵循的原则

(一)统一与自主原则

虽然我国社会发展各方面都很快,变化也很大,但综合来说。依旧属于发展中国家,目前的高校教育总体水平还处于偏低阶段,很多高校在体育场地和器材上没有足够重视,存在严重不足,现在还无法简单地改善和提升。所以,高校想要完成体育运动的目标,让其顺利有序地得以实施,在教学、课间操、重大体育活动等方面应该统一进行管理和执行。体育运动的类型多种多样,各不相同,要按照具体实际要求和对象的不同,给学生留出适当的时间和空间,让他们有自主性地选择适合自己的喜爱的运动,从而更好地进行体育运动。

根据现在很多的实际情况,我们可以发现,在高校体育活动中,学生的自主性普遍都不是很高,没有达到我们国家提出的素质教育的要求。在体育教学活动中,学生处于主体地位,素质教育追求的目标就是让学生在教育中更加具有主体性,它关注学生的独特性、认同学生的差异性,更是将学生的人格放在很重要的地位。

(二)纪律与氛围原则

要想让体育活动在高校里更好地开展,按照学生所处阶段的身心状况,营造一个积极的体育氛围很重要。从广泛的意义上解释这个体育氛围,它的意思是体育范围内达到育人目的的一种环境。有人对这个环境进行了分类,一个叫作"硬件"环境,一个叫作"软件"环境。所谓的"硬件"就是各种用于体育运动的设施和器材等，而"软件"指的是大家对于体育运动的认知感和认同感。除此之外，政府和学校负责教育的人员要重视体育运动，即通过体育打开素质教育的缺口，在所有师生人群和家长中，利用各种形式的媒介将体育运动的意义宣扬开来，将思想宣传做到最好。从狭小的方面解释体育氛围，它的意思是在进行不同的、多样的体育运动时学生的心里想法，如在进行教学时学生之间的氛围、课外活动时的体育气氛等。

（三）兴趣与精神原则

很多高校在开展体育教学时，只是简单地为了教学任务进行的教学，通常情况下针对的是加强学生的某一种运动能力，也可能是让学生在短时间内就学会某一种方式的运动。因此，体育教学让学生觉得单一枯燥，体现不出运动带给人们的快乐。然而这种体育教学的结果却是非常良好的，所以，学生在练习、锻炼的过程中必须要克服学习的枯燥性，激发寻找锻炼过程中的趣味性，这样刻苦锻炼才能收获良好的效果。

（四）课内与课外原则

现代的大学体育是一个人工设计的系统。大学中开展的体育课、各种形式的活动操、课外的体育活动组成了大学体育的有机整体，并且发挥着它独特的作用。若是让整体的效果和功能都发挥出来，就一定要做到课内与课外相配合，让各部分的体育安排进行充分合作，而且要知道这是一个详细的计划。

从现在的状况来看，完成高校的体育教学任务，最主要的方式就是安排体育课程，但它并不是唯一的方法。在大学的体育方面，不仅有体育课。还存在各种课外形式的活动操、课外体育活动以及各个体育方面的社团等很多种方式，每种方式都具有自己的特色。为了完成高校的体育教学任务，要对这些方式进行次重点划分，重点关注某一方面，这种侧重和专业的体育课程紧密相连、相互补充、共同促进。

第二节 锻炼计划的制订

学生科学锻炼计划因锻炼者的不同目的而各有不同，有的人是为了强健肌肉、有的人是为了减少皮下脂肪、有的人是为了改善心肺功能，还有些人是为了提高体质综合水平。在实施锻炼计划前应先进行身体健康方面的医学检查和体质健康方面的测试评价，然后再确定运动时间、强度和频次。下面介绍几个适合学生使用的锻炼计划，可以供大家参考。

一、一般强健身体的锻炼计划

该锻炼计划适合锻炼目的为强身健体的大学生人群。在实施整个计划的过程中，包括以下4个步骤：准备活动、伸展柔韧性运动、有氧锻炼和放松运动。它由有氧代谢锻炼和伸展性锻炼两部分组成，见表7-1。

表7-1 锻炼计划的安排

步骤	内容	运动时间	心率（次/分）
第一阶段	准备活动	5~10分钟	90~110
第二阶段	伸展柔韧性运动	5~10分钟	110~130
第三阶段	有氧锻炼	15~40分钟	130~150
第四阶段	放松活动	5~10分钟	120以下

（一）四个阶段的锻炼目的

准备活动和伸展柔韧性运动两个阶段，主要的目的是让身体的温度不断上升，促进身体内部物质代谢，然后让身体达到适应有强度的运动时的状态，另外还能够降低运动损伤出现的概率；健身的目标最关键的就是有氧运动阶段，有氧运动在改善心血管系统功能方面效果明显，提升人体氧运输系统的功能，这个阶段持续运动的时间最低是半小时，若是达不到就无法实现锻炼目的；而状态比较轻松的活动阶段，重点要求是通过一定的运动让心肺系统工作时的强度减小，此时的心率要减少到低于120次/分，并且再次不间断地到达正常平静状态下的应有心率值，这个阶段里，允许进行少量的用于伸展关节的简单动作，重点伸展的部位应是下肢，让机体具有更好的柔韧度，持续运动的时间保持在5~10分钟为宜。

若是有意识要锻炼自己身体无力量的肌肉部分，或者是长期想要扩大肌肉的横断面，需要准确明白自己肌肉方面的数值，接下来保持在第二阶段和第三阶段增加力量练习。

（二）实施锻炼计划的原则

在按照制订的锻炼计划实施自己的运动任务时，强度首先要轻，然后慢慢调整到自己能够适应的程度，遵循循序渐进的规则进行科学的运动。有氧运动时，按照高质量负荷的规则来完成运动，密切关注自己的运动速度以及保持的频率，换句话来解释就是按照实际能力来判断自己适合承受多大的运动负荷。在完成伸展性运动的过程中，要保持较低的速度和高度的注意力集中，选择的动作方式可以伸展关键的关节和重要的肌群，每一个动作按照节拍最低做 10 次，但是动作不要太猛。每个阶段的运动留出的休息时间内，最好不要再做那些强度较大的运动，而是应进行散步、骑行、游泳等简单不费力的运动，并且运动量也不要过大，只是简单地活动一下关节即可。

（三）锻炼的频率和时间

进行锻炼时，频率应该保持在每周 3 次或 2 周 5 次这样，单次不间断运动时间要多于半小时，且低于一个半小时。不同的锻炼方法在时间上也是不同的，根据实际的运动形式和运动计划的次数来决定时间的长短。只要在锻炼的时候积极认真、不敷衍，长期不懈地坚持下来就会收到满意的效果。

二、发展肌肉力量的锻炼计划

想要提高自己的肌肉力量，在制定目标时就需要分为短期目标和长期目标。给自己制定一个目标，会激发自己的能力和热情，促使自己不断坚持下去。短期的目标不要太高，一般应该在最初一个月左右的时间就能完成，这样自己就会更有动力朝着下一阶段进步，直至达到最终目的。

（一）发展肌肉力量锻炼计划的阶段

增强肌肉力量的锻炼计划分为开始阶段、慢速增长阶段和保持阶段，见表 7-2。

表 7-2　发展肌肉力量的锻炼计划

周数	阶段	频率（次/周）	组	最高重复次数	负荷
1~3	开始阶段	2	2	15	15次
4~19	慢速增长阶段	2~3	3	6	6次
≥20	保持阶段	1~2	3	6	6次

1. 开始阶段

最初的开始阶段内，不要举重量值最大的。重量值太高很容易导致肌肉和关节出现损伤，选择重量值较小的（反复进行的次数可达到 12~15 次时的重量）不会过度消耗肌肉能量，使其出现十分疲劳的状态。随着运动的过程不断向前，最初选择的重量值很轻易就能进行 12 次的反复，那么就需要适度地加大重量值；若是 12 次的反复动作依旧达不到或很吃力，就表明这个重量值过大，需要根据实际承受值减小。按照运动者一开始能够承担的负荷能力来判断开始阶段保持的时间，通常情况下是 1~3 周。这个时间判断的依据是未进行过该练习的，那些曾经有经验的人则可相应缩短这一阶段的时间。

2. 慢速增长阶段

经过开始阶段的力量练习，若是肌肉的能力已经得到提升，可以很轻松地承受这个负荷，就能够慢慢地加大重量值了，加大时的标准按照运动者能够真正一次性举起 6~8 次来。肌肉力量不断提升后，负荷也可以进一步调大，一直持续到完成最终目标再停下来。这个阶段里练习次数最好保持在一周 3 次，一次做 3 组动作，一组重复 6~8 次即可。

3. 保持阶段

按照"用进废退"这个最基本的规则，做一些用于锻炼力量的活动时，若是在中途放弃了，那么之前达到的效果会慢慢消失。因此需要长时间不断地保持。在保持阶段中，承受的重量值一般低于已经达到的重量值。调查研究发现，自己承受的重量值增加了，一周只进行一次锻炼也能维持住之前的增长率，但若是半途而废，增长率就会在 30 周后消失不见。

（二）力量练习的注意事项

1. 力量练习的安全要诀

①在进行负重练习之前充分做好准备活动，防止练习时运动损伤的出现。

②当运用杠铃进行练习时必须有同伴或者教练在旁边进行保护。

③练习用的杠铃等器械一定要固定好，以免某部件滑落砸伤练习者。

④活动若是属于负重类型的，千万不要憋气，重量举起时将气呼出去，放下时再深吸一口气，呼吸时可以调动口和鼻一起工作。

⑤对于举重时速度是保持快还是慢能达到最佳效果在这方面还是有不同的看法的，但能确定的是速度慢能够降低受伤的概率。

2. 准备活动和放松

同很多机器工作的原理相同，人体的运动系统在刚开始工作时也是不能直接到达最佳状态。想要让肌肉的功能完全表现出来，还不会产生损伤，那不能缺少的一步就是做一些准备活动。即使经常锻炼、体质较好的人，若是突然间拉动肌肉，也会出现损伤的可能。在做一些增加力量的运动前，做的准备活动通常要有慢跑和拉伸两种，慢跑4~5分钟，拉伸要6~8分钟。若是锻炼者一开始的目标就是最高的重量，那么准备活动也要增加内容和拉长时间。

想要让身体在短时间内达到最放松的状态，一般利用走动和一些伸展动作就能达到目的。一定量的放松活动有很大的作用，一般表现在不间断地为肌肉供血，还能够带走长期积存在肌肉细胞中的乳酸，运输到肝脏部位后将其化解，就能够起到降低肌肉酸痛感的作用。放松的活动通常保持在4~5分钟即可达到效果。

3. 练习时的呼吸

在做一些锻炼力量的活动时，自己主动调动身体力量时将气体呼出，在还原之前的动作时再吸进一些气体。活动时呼吸频率不宜太大，不然很容易让呼吸的节律性遭到破坏。自己主动调动身体力量时不要屏住呼吸，屏住呼吸会让流入心脏和大脑的血量变少，很容易产生头晕的现象。

4. 避免出现负荷极限

做运动时要把安全放在首要位置，当然也就是时刻关注自己的身体给出的警示，出现某种身体警示，一般都是因为运动量超出正常范围或是身体出现损伤所产生的反应，尽管在运动方面很有经验的人，太大量的运动也可能会出现损伤。在做一些增强力量的运动时，身体给出的警示往往是运动完成后，肌肉感觉十分酸痛并且很僵硬，而且一直持续到下一次运动时仍然没有改善。针对这种情况，一般可以这样应对即减少锻炼次数，将运动的时间差拉大，给肌肉足够的休息时间。

三、提高心肺适应能力的锻炼计划

让心肺具有更好地应对问题的能力，在很多方面都是有益的，在这之中显而易见的是减少一般人患心脏病的概率，增强身体体质能力，还能增加人的寿命；除此之外可以降低患Ⅱ型糖尿病的概率，有效抑制血压升高，让人体的骨骼密度变得更高。心肺功能越强，人们在工作和学习时就拥有更高的体力和精力，也能够保持较高的效率。

在为自己安排锻炼的内容时，一定要清楚知道自己的心肺功能以及身体情况，因此进行健康医学检查和体质测试是必不可少的环节。接下来指定的运动安排中每次运动都要包括准备、正式运动、整理这三个方面。

（一）准备活动

①留出2分钟左右的时间简单地活动手和脚，让关节动起来，为接下来的运动做准备。

②留出2分钟左右的时间用来走动，速度要慢，心情也要放轻松，让心率平缓下来。

③留出3分钟左右的时间做一些伸展性的动作，如压压腿、扭扭腰、转动一下手臂。

④留出4分钟左右时间小跑一会儿，速度开始不要快，慢慢提高速度。

若是运动时坚持的方式不是跑步，做运动时也可按上述方式来执行，第二步和第四步可以根据实际情况来调整。

（二）锻炼核心内容

锻炼核心内容是锻炼计划的最重要的组成部分，它包括锻炼的方式、强度、频率和持续的时间等。

1. 锻炼方式

要想提高自己的心肺机能，一般常用的方法有步行、慢跑、游泳等，只要是调动了自己的大肌肉群工作的、节奏比较慢的体育活动都能够起到锻炼的作用。进行的活动方式，一方面要满足自己的喜好，这样才能有坚持下去的动力；另一方面要考虑实施是否现实和具有的安全度高不高。很多情况下，若是运动的冲击力强度太大，则造成运动者受伤的可能性就越大，如游泳和骑自行车，很明显骑自行车的安全度更高一些。若是运动者的体质属于那种易受伤的，在进行锻炼活动时最好选那些冲击强度不高的运动，若是正常的体质，就不必考虑这个情况了。

2. 锻炼频率

锻炼频率也要把握好，每周 2 次就能达到提高心肺功能的目的，当然增加到 3~5 次效果就能到达最佳，若是次数大于 5 次，不会额外出现更好的效果，所以频率在每周 2~5 次即可。

3. 运动强度

想要增强心肺功能，一般运动的强度大概达到身体摄氧量极值的 50% 即可，现在正常建议的强度最高是身体摄氧量极值的 85%。

4. 持续时间

想要不断增强心肺功能，能够达到实际效果的运动时间应该保持在 20~60 分钟。在刚开始时，很多人对于运动的强度是不太适应的，因此，能够坚持的锻炼时间也不尽相同，这主要和运动强度有关。运动强度大持续时间短，运动强度小则持续的时间长。

（三）整理活动

完成每一次的体育活动后，一定要留出做整理活动的时间。这样做是为了让身体内的血液再流回到心脏的位置，防止因为运动导致的血液大多停留在上下肢体的部位出现头晕甚至昏迷的症状，除此之外，还有缓解身体的酸痛感和心律不齐的问题。在整个整理活动过程中，需要留出最少5分钟的时间，用来进行一些强度不大的活动，像步行和一些伸展活动。

四、减肥锻炼计划

当今世界高科技飞速发展，给人类带来了极大的物质享受和便利的同时，也使得人们的饮食摄入量大幅增加以及劳动强度大幅减小，导致肥胖的人也越来越多。肥胖率的逐年攀升对人类的身体健康产生了越来越大的威胁。大学生人群中超重和肥胖的比例较高，上海某高校学生超重和肥胖率竟高达15%，其中男生人数比女生多。

（一）确定自己是否属于肥胖

在本书的内容中有肥胖的检测和评定方法，可根据肥胖度、身体质量指数或者腰臀比来判断自己是否肥胖以及肥胖的程度。切莫单纯以体重来衡量是否肥胖，避免盲目地减肥。

（二）运动减肥前应做医学检查

在实施运动减肥的锻炼计划之前，需要到正规医疗机构进行健康检查，判定减肥者的心肺功能状态以及有无心血管系统并发症等，排除生理疾病后才能进行运动减肥。

（三）减肥锻炼计划制订的原则

运动减肥不是心血来潮的一闪念，而是临床医学的一种科学治疗方法。通过运动到底能使我们的身体达到什么样的状态，总的来说还要看锻炼计划是不是与自己的状态相匹配，能不能减去自己多余的脂肪。计划要全面，关注时间和强度、次数，从多方面考虑到位。

1. 安全性原则

想要通过运动减肥，一定要制订一个计划，计划中要详细包括强度、时间和频率，按照自己的实际承受能力来安排。由于肥胖者对于运动强度的耐受性差异很大，在锻炼计划实施之前应进行运动耐力实验，这样不仅能够了解心肺功能有无异常，也能够得知参加活动者的运动能力。通常运动强度为40%~70%最大心率，运动频率为每周3~6次，每次运动持续时间不少于30分钟。

2. 可接受性原则

参与运动的人对项目要有一定的喜爱度，拥有毅力，还要考虑自己的经济能力。健步走、慢跑、自行车、游泳、有氧健身操、太极拳以及各类球类活动等都是肥胖者减肥锻炼的常选运动项目。

3. 有效性原则

所制订的锻炼计划应为通过一段时间的减肥锻炼，出现体脂下降、腰围缩小、心肺功能提高等良好的锻炼效果，则显现出了锻炼计划的有效性。在训练时间的安排上，要根据肥胖者的肥胖程度、预期减肥要求和个体能接受的运动强度和频率来安排总的锻炼时间，可从数周延续至数年。循序渐进、持之以恒，才能达到减肥的目的。

（四）减肥的运动锻炼方式

要想使减肥进行得更有实际作用，运动方式主要选那些在有氧型范围内的活动方式，一方面像那些具有增强耐力作用的跑步、骑行都可以；另一方面那些比较简单，不用费太大力气的太极拳、瑜伽也可以。除此之外，还要增加一些有阻力的运动，也就是既要进行能量的耗费，还要达到所谓的"瘦体重"（也称"去脂体重"，为除脂肪以外身体其他成分的重量）。增加阻力的运动是为了加强某一部位的力量，养成更多的肌肉，减去那些所谓的肥肉，也就是脂肪。若是肚子上有较多赘肉，那么其脂肪就较多，可以通过仰卧起坐和平躺进行高抬腿的方式来达到减去脂肪的目的，拥有更强的腹部力量。同理，若是肩和胸有多余的赘肉，可以通过带哑铃的伸展活动来达到目的。在每次运动前要简单活动，拉伸一下关节，每次结束后适当缓慢做一些恢复运动，避免太过劳累。运动强度和运动量可适当进行调整，以第二天不感到很疲劳为宜。

（五）注意饮食调整

在减肥的整个阶段，千万控制好自己的嘴，除了那些平常要吃的正常食物，像米、面、蔬菜、鸡肉什么的，其他一些高热量的东西尽量不吃，不给那些使人发胖的食物进入体内的机会，减肥才会更顺利。

第三节 运动性疲劳及其恢复

一、运动性疲劳的表现

一般将运动性疲劳分成三个程度：轻度、中度和重度疲劳。

（一）轻度疲劳

做完运动之后，身体有一定的疲劳感属于正常情况，像呼吸和心跳的频率都变快等。轻度的运动性疲劳很快就会自我消失。

（二）中度疲劳

运动结束后若出现中度疲劳，通常表现在三个方面。首先，表现在感知上，像整个身体都产生疲惫的感觉，头晕还没力气；其次，表现在精神上，像是无法集中注意力，一直感觉烦躁、心情不好、总是犯错；最后，表现在全身上，像面无血色、一阵阵的晕眩、肌肉颤抖、无法正常呼吸、腰腿部酸痛等症状。中度运动性疲劳利用一定的方法也可以快速恢复，对身体不会产生大的危害。

（三）重度疲劳

谈到重度疲劳，那就是症状会更严重，比如，神经反应速度下降、漠视外界的事物和感觉等。肌肉力量明显偏低，动作迟缓，还会发生一系列的肌肉病症，动作也无法协调。人体的各种抵抗力下降或消失，引发相应的病症，表现为器官无法正常工作，也就产生了重度疲劳的感觉。这种程度的疲劳不会快速消退，持续性重度疲劳会对学习、工作产生很大影响，危害身体健康。疲劳程度不一样，症状也不相同,具体见表7-3。

表7-3 不同程度疲劳表征对比表

类别	轻度疲劳	中度疲劳	重度疲劳
自我感觉	无任何不适	疲乏、腿痛、心悸	恶心、呕吐等
血色	稍红	相当红	十分红,有时呈紫色
排汗量	不多	较多	非常多,尤其是整个躯干部位,在颈部以及汗衫上会出现白色痕迹
呼吸	中等轻快	显著加快	显著加快,有时呼吸节律乱
动作	步态轻稳	步伐摇摆不稳	摇摆现象显著,出现动作不协调

此外,根据我们初步测定,过度疲劳时其生化指标变化,见表7-4。

表7-4 过度疲劳时生化指标表

生化指标	疲劳状态	
	轻度疲劳	过度疲劳
血乳酸	>2mmol	>12mmol/L
血尿素	轻度升高	>8mmol/L
血氨	轻度升高	>110μmol/L
尿胆原	4~8μmol/L	持续为4~8μmol/L

之前有一个说法,训练一定伴随着相应的疲劳。人体在运动时耗费的能量相对较多的时候,机体才会表现出较为显著的超量恢复状态,但是训练也尽可能不要过量,否则会严重危害身体健康,所以对于不同时间出现的疲劳症状要了解清楚,详情见表7-5。

表7-5 不同时间全力运动时疲劳特点

运动时间	疲劳的生化特点
0~5s	神经肌肉接点处
5~10s	ATP、CP下降,乳酸堆积(快肌)
10~30s	ATP、CP消耗最大,乳酸堆积多

续表

运动时间	疲劳的生化特点
30s~10min~15min	ATP、CP 消耗，3~4min 乳酸最高，10min 时乳酸升高达 30 倍，肌肉 pH 下降
15min~60min	ATP、CP 消耗，肌糖原消耗最多，体温升高
1h~6h	肌糖原趋向于零，肝糖原大量消耗，血糖下降，体温上升，脱水，电解质紊乱
6h 以上	能量物质大量消耗，代谢失调，体温上升，脱水，电解质紊乱，身体结构变化

二、运动性心理疲劳的表现

对于学生，利用观察和访谈的方法，得知他们在出现心理疲劳时，主要关键的特征是不再愿意参与训练，同时他们还会表现出下面这些心理。

（一）主观体验和行为表现

若是学生在心理上表现出疲劳感，他们从主观上就会觉得自己没有力气，不再对训练和比赛产生热情，进而运动目标不再发挥作用，不能积极地参与训练，还会感觉枯燥乏味，容易生气，很轻易受到外界刺激的影响。也有可能因为不再对运动技术感兴趣，在训练时被动并且态度消极。

（二）情绪性抑制反应

在心理上出现疲劳感之后，学生一方面会出现运动水平降低、极易转变情绪、不再具有坚强的意志力；另一方面还会出现情感方面的问题。调查研究发现，心理疲劳出现的一个征兆就是抑郁。

（三）适应性

在运动之后出现心理上的疲惫感，若是长时间没有改善或改善程度不够时，这种疲惫感会连续累加，直到超出临界值，学生的运动水平就会遭受很多负面作用，可能导致他们无法良好地适应比赛和训练。

三、运动性疲劳的诊断

（一）主观评定法

学生在疲劳状态下，一般都会有心无力，无法完成自己制定的目标，同时还会出现成绩下降的问题，但这种表现属于生理性的，是一种代偿性疲劳，通过一段时间的休息能够消退。与过度训练综合征相比，这种程度的疲劳经过两周就会消退；与慢性疲劳综合征相比，只是达到其一半的程度，属于较轻的程度。

（二）生理学评定方法

心肺功能如血压、脉搏、每搏输出量、每分输出量、心电图、最大摄氧量、肺活量、呼吸肌力等，通过血压与脉搏的变化所出现的紧张性不全反应，一般可预示学生功能不良，或出现早期过度训练征象。通过肌电图的参数（如积分肌电图、据幅等）可以测量等长收缩中肌肉的张力及疲劳程度；通过脑电图、脑血流图可以反映学生疲劳时大脑局部缺氧缺血情况；通过测定呼吸肌力、膈肌肌电图及肺肌耗氧量、膈肌压力时间指数等，可以反映呼吸肌疲劳和膈肌疲劳的程度。

（三）生化学评定方法

如血乳酸、血红蛋白、无氧阀、血气分析（氧分压、CO_2分压）、血氨、血清酶学以及一些代谢产物在尿中的含量变化等。

（四）心理学评定方法

可选用艾森克人格问卷（EPQ）、明尼苏达多维个性量表（MMPI）、情感状态特征表（POMS）等。尽管如此，运动性疲劳的诊断标准迄今仍不明确，还缺乏能反映运动性疲劳的权威性的定量客观指标，即指标缺乏特异性。

第四节 运动损伤及其医治

一、开放性损伤

伤处皮肤或黏膜的完整性遭到破坏，有伤口与外界相通，为开放性损伤。训练中常见的开放性损伤主要有擦伤、裂伤、刺伤、切伤等。

（一）原因与征象

1. 擦伤

机体表面与粗糙的物体相互摩擦而引起的皮肤表层损伤，称为擦伤。主要征象为表皮剥脱，有小出血点和组织液渗出，伤口无感染则易干燥结痂而愈；伤口有感染，则局部可出现化脓现象。

2. 裂伤

裂伤指受钝物打击引起的皮肤和皮下组织撕裂，伤口边缘不整齐。

3. 刺伤

刺伤是尖细锐物刺穿皮肤及皮下组织器官的损伤，伤口小而深。

4. 切伤

切伤由锐器切入皮肤所致，伤口边缘整齐，多成直线形，出血较多。

（二）处理

开放性损伤的一般处理程序是止血、清创、消毒和包扎。
常用的外出血临时止血法有以下几种。
①加压包扎止血法。用生理盐水冲洗伤部后用厚敷料覆盖伤口，外加绷带增加血管外压，达到止血目的。此法用于毛细血管和小静脉出血。
②抬高伤肢法。用于四肢小静脉和毛细血管出血。方法是将伤肢抬高，使出

血部位高于心脏，降低出血部位血压，起到止血效果。此法在动脉或较大静脉出血时，仅作为一种辅助方法。

③屈肢加压止血法。前臂、手或小腿、足出血不能制止时，如未合并骨折或脱位，可在肘窝和腋窝处加垫，强力屈肘关节和膝关节、并以绷带"8"字形固定，可有效控制出血。

④指压止血法。这是现场动脉出血常用的最简捷的止血方法，施用手指压迫身体表浅部位的动脉于相应的骨面，可暂时止住该动脉供血部位的出血。根据全身动脉的定行分布，在体表有一些动脉搏动点，即为压迫止血点。

指压法简便易行，但因手指容易疲劳，不能持久，只能作为临时止血，随后应改用其他止血方法。

二、挫伤

在体育训练时互相冲撞或被踢打，或身体某部碰在器械上皆可发生局部挫伤。挫伤多发生于单双杠、篮球、足球、散打、拳击、障碍等运动项目中。损伤的程度与作用力的大小及组织器官的结构特性有关。轻度挫伤以皮肤、皮下组织损坏、淋巴管与小血管破裂为主要病理变化；严重挫伤可引起肌肉部分肌纤维损伤或断裂、组织内出血产生血肿或并发脑组织和内脏器官的损伤。

（一）征象

单纯肌肉挫伤，局部出现疼痛、肿胀、皮下瘀斑、压痛和功能性障碍等症状。严重的复杂性挫伤有并发症时，可出现全身症状或某些特殊体征，如头部挫伤可出现脑震荡症状，或出现剧烈头痛和喷射性呕吐等颅内高压的症状；胸、背挫伤可出现呼吸困难，以及血胸和气胸症状；腹、腰部挫伤合并内脏损伤可出现休克症状；股四头肌、腓肠肌严重挫伤引起肌肉断裂而出现肌肉断端隆起，断裂部明显凹陷等症状。因此，应根据暴力大小和受伤部位判断伤势的轻重。

（二）处理

对于挫伤可采用急性闭合性软组织损伤处理原则，如在局部冰敷后外用新伤药，加压包扎、抬高患肢。头部挫伤伴有脑震荡或喷射性呕吐，剧烈头痛等颅内高压症状者，腹部和睾丸挫伤伴有休克症状者应首先进行急救处理，并及时送医院抢救治疗。股四头肌、腓肠肌的严重挫伤伴肌肉断裂者,多有严重出血,应将肢体适当固定后及时送医院手术治疗。

三、肌肉拉伤

肌肉主动强烈收缩遇阻或被动过度拉伸所造成的肌纤维损伤,部分撕裂或完全断裂称为肌肉拉伤。

(一) 发生原因

①准备活动没有做充分,肌肉还没有完全伸展和活动开,无法从事一些较剧烈的活动。

②实际的动作能力不强,肌肉没有较好的弹性和较大力量,重量值太大或是感到疲劳降低了肌肉的水平,力量不充分,无法保持协调。

③做一些动作时没有掌握正确的技术或是分散了自己的注意力,导致出现一些动作太猛烈。

④所处的环境温度太低,肌肉出现僵硬状态。

⑤所处的环境太过于潮湿,场地出现问题以及设备质量不好。

(二) 征象

肌肉轻度拉伤有时会与运动后的延迟性肌肉酸痛相混淆。一般肌肉拉伤大多有外伤史,症状在受伤即刻或稍后的时间出现,疼痛的性质趋于锐痛,疼痛范围小,最痛点常局限于伤处,继续活动时症状可加重。肌肉延迟性酸痛无外伤史,症状发生在休息一段时间(一般是24~48小时以后),疼痛性质为酸痛或胀痛,疼痛范围广,常涉及有共同功能的一组肌肉,继续活动时症状不加重。

(三) 处理

肌肉损伤及肌痉挛者,取局部阿是穴及邻近腧穴用针刺疗法会取得显著疗效。肌纤维部分断裂者在伤后早期按闭合性软组织损伤的处理原则进行冰敷、加压包扎,将患肢放于肌肉松弛的位置。48小时后开始按摩,手法要轻缓。此时,应将患肢改置于肌肉牵张位固定1周,以免受伤肌肉瘢痕粘连或挛缩,导致日后肌肉被动伸展不足。怀疑有肌肉、肌腱完全断裂者,应在局部加压包扎固定患肢情况下,立即送医院诊疗。

四、脚踝扭伤

由解剖结构和生理机能的特点所决定,踝关节的韧带损伤以外侧韧带损伤最为突出。多因跳起落地时踩在不平的地面或他人脚上,身体失去重心、被踩等原因,造成踝关节内旋、足跖屈内翻位受力致伤。

(一)发生原因

踝关节扭伤占关节韧带损伤的首位。由于踝的跖屈肌群的力量比背伸肌群大,内翻肌群力量比外翻肌群大,加之外踝比内踝长,内侧三角韧带比外侧3条韧带强。因此,跖屈、内翻比背伸、外翻活动度大。此外,距骨体前宽后窄,当足跖屈时,踝关节较不稳定。在跑跳运动中人体离开地面处于腾空状态,足就自然有跖屈内翻的倾向。如果落地时身体重心不稳向一侧倾斜,或踩在他人的脚上、球上,或高低不平的地面上,均会造成足的前外侧着地而引起足的过度跖屈和内翻,导致外侧副韧带损伤。外侧韧带损伤约占整个踝关节扭伤的80%。

(二)征象

有明显的足突然内翻或外翻的扭伤史,损伤后踝关节外侧或内侧疼痛,走路及活动关节时最明显。踝关节外侧或内侧出现迅速的局部肿胀,并逐渐波及踝前部及足背。可出现皮下瘀斑,伤后2~3天最明显。

(三)处理

对于包括踝关节扭伤在内的急性闭合性软组织损伤,在伤后24小时或48小时内,以止血、止痛、防肿、制动和减轻炎症反应为治疗原则,具体方法见下面几条。

①即刻冷敷。冷敷可采用冰敷、冷水浸浴或冰水浸浴的方法。

②加压包扎。将适量厚度的棉花或海绵放于伤部,然后用绷带加压包扎。

③抬高伤肢。把伤肢抬至高于心脏10~20厘米处,利于血液回流。

④适当制动。受伤部位应充分休息,避免负荷刺激。

还可使用止痛药物治疗,如云南白药气雾剂等。疑似有踝关节韧带完全断裂或合并有踝部骨折者,经现场急救处理后及时转送医院进一步诊治。

五、疲劳性骨膜炎

疲劳性骨膜炎又称应力性骨膜炎,是一种过度使用性损伤。

(一) 产生原因

在体育训练中,训练能力偏低、动作没有做到位或是猛然增加过量的运动、训练场地硬度较高等,都会出现这种病症。像长时间的跑跳动作中足后蹬用力过大,会导致小腿部位的肌肉过于紧张出现疲劳的感觉;用于训练的场地硬度过高,反作用给小腿的力量过大,加大了部分位置承受的力量,都会导致一些骨头部位出现疲劳性骨膜炎。这种病症是骨头受外界的强烈刺激导致的发炎症状,在突发性炎症的时候要及时减少运动量,让一些部位不再承受过大的压力,再加以正确的治疗就能治愈炎症,让组织得以快速修复,还能增强骨头的适应能力。若没有及时调整和治疗,病情恶化,严重的会出现疲劳性骨折病症。

(二) 征象

1. 疼痛

常在运动后发生,多为局部钝痛或刺痛,有的在训练后可出现搏动样疼痛,腓骨骨膜炎疼痛多在离下端 10 厘米附近;胫骨骨膜炎的疼痛常位于中下 1/3 内侧缘及前骨面。

2. 肿胀

局部多有凹陷性水肿。早期肿胀面积较大。

3. 压痛

为骨膜炎的主要特征。在骨面上能摸到压痛点,其压痛部常可触及单一或串珠样结节。

4. 后蹬痛

胫腓骨骨膜炎和跖骨骨膜炎患者常有后蹬痛。

5. 局部灼热

早期可有局部皮肤发红，触之有灼热感。有的患者夜间灼热感更为明显。

6. X 线检查

早期骨膜无明显改受，以后逐步出现骨膜增生，骨皮质边缘粗糙、增厚、骨质疏松、骨纹理紊乱等。

（三）处理

发现较早，病症不严重的人，在训练的时候要根据自己承受力调整运动计划。用带有弹性的绷带将受伤的位置包扎好。在后期自己的承受能力不断提升，3～4周后就会恢复。若是病症很严重，一方面要调低自己承受的重量，另一方面使用冰块敷在伤处之后，再涂抹上药进行包扎。坚持1个星期后调整方法，将伤处用温度适中的水浸泡，再加以一定的按摩，最好是在正确的穴位处。等到症状减轻后，再慢慢调整自己承受的重量值，并且活动要多元，不要局限于一种运动而且还长时间坚持。

根据上面这些步骤操作完成后，若是没有缓解或者情况更严重，这时候要去医院拍片检查，确定是不是疲劳性骨折。

六、骨折

（一）产生原因

骨折按性质和方式可分为：暴力直接作用部位所发生的骨折；身体接触暴力较远部位而导致的骨折；肌肉强烈收缩引起的撕脱骨折或螺旋形骨折；多次反复的直接或间接作用力造成骨骼某点的疲劳性骨折。

（二）征象

主要有以下表现。

①休克。严重骨折可因剧烈疼痛、大量出血、内脏损伤或广泛性软组织损伤导致休克。

②体温升高。骨折后的大量出血而导致的体温升高,一般不会超过38℃。如果是开放性骨折,体温升高表示有感染的可能。

骨折的局部主要有以下表现。

①畸形。骨折断移位后,受伤部位形状改变。

②异常活动。在肢体没有关节的部位,骨折后可有不正常的活动。

③骨擦感或骨擦音。骨折端相互摩擦时可听到骨擦音或有骨擦感,这是骨折特有的症状。

(三) 处理

①不要轻易挪动自己的伤处和周围相连的部位。

②防止出现休克的现象。

③在对骨折进行治疗之前,首先要检查是否存在窒息、出血以及强度较大的创伤等状况。

④若所处地点不存在危害患者和急救员的因素,一般应该及时就地处理。

⑤挪动患者的位置时,一定确保已经为其将骨折处固定完成。

⑥若是存在部分的骨骼位置凸出来,严禁直接推回去。

⑦将骨折处进行固定之后,骨折处要抬起,避免出现更严重的肿胀现象。

⑧及时送医治疗。

总之,为了预防运动损伤的发生和一旦发生后便于急救,学生应当学习一些运动保健的基本知识。对生理、心理等特点均要有所掌握,使自己能够正确把握体育运动规律,防止运动损伤,让运动锻炼真正起到强身健体的作用。

第八章 学生心理健康促进

第一节 青少年心理健康概述

一、健康与心理健康的含义

(一) 现代健康观

什么是健康?长期以来,"没有病痛和不适,就是健康""没查出疾病,就是健康",这种"无病即健康"的传统观念一直为许多人所持有。随着科学技术的不断进步,人类对自身健康与疾病的认识也在不断深入。特别是自 20 世纪以来,现代科技与社会文化的迅猛发展,使人们面临越来越多的心理应激。与此同时,人类的疾病谱、死亡率发生了重大变化,这种变化促使人类的健康观念产生了革命性的拓展。

1. 二维健康观

1948 年世界卫生组织成立时,把健康定义为"一种生理、心理和社会适应都完满的状态,而不仅仅是没有疾病的状态。"这一定义是人们对健康概念的更新和总结,人类的健康不再只是生理(躯体)健康,而且应包括正常的心理状态和社会适应能力。

世界卫生组织在 1978 年国际初级卫生保健大会上,发表了著名的《阿拉木图宣言》,这份宣言第一次对"健康"进行了明确的定义:"健康不仅是没有疾病,而且还是身体的、精神的健康和社会适应良好的总称。"该宣言强调,健康是基本人权,达到尽可能的健康水平是世界范围内一项重要的社会性目标。时隔 11 年后,1989 年世界卫生组织又一次深化了健康的概念,认为健康包括躯体健康(physical health)、心理健康(psychological health)、社会适应良好(good social adaptation）和道德健康（ethical health）。这种新的健康概念从"单一的生物医学模式"演变为"生物－心理－社会医学模式"，增添了"心理健康"和"社会适应健康"作为健康的有机组成部分，它既考虑到人的自然属性，又考虑到人的社会属性，由此被称为"二维健康观"，这充分体现了健康观念的重大进步。

2. 三位一体的健康观

进入 21 世纪，人类的健康问题日益受到广泛关注，呈现"亦喜亦忧"的态势。首先说"喜"从何来。现代医疗科技和临床治疗的进步日新月异，生理疾病的形成机制的研究进展和治疗技术的科学精湛，让我们没有理由不对现代医疗护卫大众健康的现实进步和光明前景充满信任。然后谈"忧"为何故。大量从前偶有耳闻，感觉离我们很远的"心身疾病"以及由此引发的焦虑和担忧日渐紧迫地向我们袭来。于是，一种全新的健康理念，从最初的心理健康先知者的带有"心理呓语"色彩的感悟中逐渐形成，这就是"身－心－灵"。

"身－心－灵"三位一体的健康观认为，在我们的身体、心理之上，还有一个居于主导地位的心灵存在。心灵是在我们个体生而即有的本能取向的基础上，经由成长中的个体社会化逐渐形成的关于信仰和操守的精神体系。它存在于我们的精神世界，不为外人所知，甚至连我们自己都未必能清晰地觉察。心灵是以某种价值、理念为指导，并奉为自己的行为准则和活动指南，懂得做什么和不做什么的内心主宰。有心灵的人才谈得上人生价值，能够赋予短暂人生以永恒的意义。心灵的有无，在很大限度上决定着一个人发展的可能性。没有心灵的人，会失去把握自身命运的力量，其发展的可能性大大降低。有心灵的人，会调动自身的一切力量，集中到预定的目标上，其知识、能力、内心世界都会得到充实和提高，从而推动个人及社会的发展。心灵健康的人会让自己的生活价值定向明确，个人潜力有效开发，乐观积极地面对社会，收放自如，掌控自己。

按照"身－心－灵"三位一体的健康观，一个健康人的画像是：身体健康——饮食起居舒适自然，主题生活和休闲娱乐相映成趣，生理机能处于常态标准以上，生理免疫功能完好；心理健康——自我概念明朗，心智反应健全，情绪表达流畅，行为活动自控；心灵健康——信仰纯美稳健，操守内方外圆，人与自然一体，从容淡定处世。

到此为止，清晰地形成一个关于健康的"认知轮廓"——现代健康的含义是多元的、广泛的，包括生理、心理和心灵三个层次。身体健康是物质基础，心理健康是精神表现，心灵健康是根本保障；在心灵健康的统帅作用下，身体健康与心理健康相互作用，良好的心理状态使生理功能处于和谐状态，反之则会降低或破坏某种功能而引发疾病。而身体状况的改变也会引起相应的心理问题，生理上的缺陷、疾病，特别是痼疾，往往引发烦恼、焦躁、忧虑、抑郁等不良情绪，从而导致各种不正常的心理状态。健康的身体让人产生自信、乐观、主动、有担当的良好心理。心灵将身、心两者统一为一体，在心灵的主导下，身、心向心灵认同、向往、追求的方向发生演变和整合。人是身体、心理和心灵三者的共同体，这就是"身-心-灵"三位一体的健康观。运用这一思想体系，可以描述、阐释、预测和控制与身体、心理相关的健康现象和问题。这一全新的健康观念已经受到主流心理健康学界的认同。

上述对健康的详细解释表明，健康包括生理健康和心理健康两个方面。由于人的生理活动和心理活动是密切相关、相互依存的，因此，人的生理健康与心理健康也是密切相关的，两者是辩证统一的。首先，当生理或心理任一方面产生疾病时，另一方面也会受到影响。人们都有这样的经历：当身体有病时，情绪会低落，烦躁不安，容易发怒；当面临重要考试而紧张焦虑时，则会食而无味，出现失眠、头痛、易疲劳等症状。许多相关研究表明，情绪与身体健康密切相关，不良情绪对身体的影响，从食欲到睡眠，从呼吸到血压，几乎涉及全身各个系统。情绪消极、低落或过于紧张的人，往往容易患各种疾病。现代医学认为，其发病直接与情绪有关的身体疾病有高血压、冠心病、支气管哮喘、溃疡病、过敏性肠炎、糖尿病、自主神经功能紊乱、恶性肿瘤等。这些身体疾病合称为身心疾病。其次，生理健康是心理健康的基础，而心理健康反过来又能促进生理健康。有许多专家指出，人体内有一种最有助于身心健康的力量，即良好情绪的力量，若能善于调节情绪，经常保持愉快的心情，可以起到未病先防、有病早除的效果。中国有句俗语"笑一笑，十年少"，指的就是这个道理。

健全的心理有助于健康的身体，而健康的身体又依赖于健全的心理，两者互为因果，互相影响。

（二）心理健康的内涵

什么是心理健康？用什么标准来衡量一个人的心理是否健康？人的心理健康是有标准的，但不像生理健康那样"让数据资料说话"判断精准确切，"以标本模型展现"那么具体直观。

心理健康的概念是随时代的变迁、社会文化因素影响而不断变化的。心理学家对心理健康的概念有以下几种说法。

"心理健康是指人们对客观环境具有高效、快乐的适应状况。心理健康的人应保持稳定的情绪、敏锐的智能，以及适应社会环境的行为。"

"心理健康是指在知、情、意、行方面的健康状态，主要包括发育正常的智力、稳定而快乐的情绪、高尚的情感、坚强的意志、良好的品格以及和谐的人际关系等。"

"心理健康是指人的一种持续的心理状态，主要在这种情况下能做良好的适应，具有生命的活力，能充分发挥其身心的潜能。"

我们认为，所谓心理健康，是指对环境及相互关系具有高效而愉快的适应能力。心理健康的人，能保持平静的情绪、敏锐的智能、适应社会环境的行为和气质。

所谓心理健康，是指在身体、智能以及情感上与他人的心理健康不相矛盾的范围内，将个人心境发展成最佳的状态。它的定义包括两层意思：一是没有心理疾病，就如同身体没有病才算是健康的基本条件一样；二是具有积极发展的心理状态。它是指我们不但有健康的心理状态，还能消除不健康的心理倾向，使心理发展处于最佳状态。如同体弱不算有病，但不算强壮一样，现在我们更注重心理健康的第二层意思。在一般的理解中，心理素质可包括以下基本内容：个性品质、心理健康状况、智力因素和非智力因素、自信心和自我认识能力等。现代社会要求个人具有较强的独立自主性和自我决策的能力。

人的心理健康具有相对性，与人们所处的时代、环境、年龄、文化背景等因素有关，不能仅凭一种偶然的行为判断他人或自己心理是否健康。例如，某个同学正在吃东西，忽然被人抢了去，于是大哭大叫起来。他正常吗？如果他是一个四五岁的孩子，你的结论又如何？所以说心理健康并没有一个完全统一的标准，下面着重介绍几种观点。

1. 最具影响力的标准

美国心理学家亚伯拉罕·哈罗德·马斯洛（Abraham Harold Maslow，1908—1970）等提出的心理健康的十条标准被认为是"最具影响力的标准"。

①充分的安全感。

②充分了解自己,并对自己的能力做适当的预估。
③生活的目标切合实际。
④与现实的环境保持接触。
⑤能保持人格的完整与和谐。
⑥具有从经验中学习的能力。
⑦能保持良好的人际关系。
⑧适度的情绪表达与控制。
⑨在不违背社会规范的条件下,满足个人的基本需要。
⑩在不违背社会规范的条件下,有限地发挥个性。

2. 心理健康的八条标准

第一,有一个积极进取的人生态度。

一个心理健康的人总是热爱人生、热爱生活、珍惜生命的人,他们对生活乐观,对未来充满希望,无论是对社会,还是对自己都采取极其负责的态度,因而总是满腔热情地投身于生活,总是忘我地为社会创造财富。对这些人来说,每天都是一个新的开始,每天都是一个新的台阶,不怕困难,不怕挫折,而且总是踏踏实实、认认真真地向着自己既定的目标前进。这类人用他们自己的行动去体验人生的价值,真切而深刻,总能享受到人生的乐趣,更能激起自己积极进取的人生态度。

第二,对自我有恰当的认识。

世界上最困难的是什么?就是如何认识自己。一个心理健康的人,一般能有"自知之明",就是说,能够正确认识到自己的价值,认识到自己在他人心目中的位置,认识到自己的能力、学识、水平,既不高估自己,不对自己的一些长处和优势沾沾自喜,也不会自卑,过分地贬低自己,决不无缘无故地抱怨、自责。反之,一个心理不健康的人,便不能恰当地认识自己,或是莫名其妙地自傲,或是无缘无故地自卑,经常有意无意地掩饰自己的不足,心理特别敏感、脆弱,失落感极强,经不起风浪的折腾,存在严重的心理冲突,回避矛盾,无法保持平衡的心理状态。

第三,享有良好的人际关系。

心理健康的人,在与他人打交道的时候,有以下特点。

①不仅在理性上懂得处理好人际关系的重要性,而且总是表达出一种积极

的、乐于与人交往的态度。

②懂得在交往过程中尊重人、理解人，从不将自己的观点强加于他人。

③能够平等地、宽容地、客观地了解、评价对方，不势利待人，与人相处时，总显示出同情、友善、信任、尊重等积极的态度。

④在与他人的交往中能够注意他人的长处，能较虚心地向他人学习。

⑤当他人有困难时，总能采取真诚的、有效的帮助。

⑥当与他人产生矛盾时，能做到"忍一时之气免百日之忧"，不主动出击，不"窝里斗"，能进行良好的沟通，并以理智的、合理的方式解决。

第四，有一个乐观的情绪状态。

情绪最容易反映人的心理状态，也最能影响人的身心健康。一般来说，情绪健康的人有以下特点。

①没有过分的、不切实际的要求，很少有烦恼、不快，精神状态永远是饱满的、乐观的。

②在自己的人生遇到麻烦时，能做到泰然处之，决不自寻烦恼或自我折磨。

③一般能处理好自己与他人的关系，所以很少有麻烦的、别扭的事情引起自己心理的不快。

④有修养，能较好地控制自己的情绪，当自己想发脾气时或暴怒来临时，自己能够意识到，并将其抑制于萌芽状态。

第五，有健全的人格。

心理健康的人，其人格结构，包括气质、能力、性格、理想、信念、动机、兴趣和人生观等各方面都能平衡发展；能够完整、协调、和谐地表现出具有自己特色的精神风貌；思考问题的方式是适中的和合理的；待人接物能采取恰当态度，对外界的刺激不会有偏激的情绪和行为；能够与社会的步调一致，能和集体融为一体。

第六，道德心态的健康。

道德健康是世界卫生组织近几年来对健康内容界定的最新补充。一个道德不健康的人，很难说是一个完全意义上健康的人。那么，什么是道德心态的健康呢？大致有以下几点。

①不做损人利己或损人不利己的事。

②不仅有辨别真伪、善恶、荣辱、美丑等是非的能力，而且能在自己的行为中去实践真、善、美，并能与假、丑、恶进行斗争。

③能自觉地遵守社会的各种规范、准则，约束、支配自己的行为。

④能尽职尽责地完成自己的工作，尽自己的能力为社会多作贡献。

⑤当国家或社会需要的时候，能够无条件地服从，牺牲自己的利益，甚至生命。

第七，具有良好的社会适应能力。

社会是复杂的，人与人之间的关系是比较难处理的。但是心理健康的人并不因此而感到畏惧、害怕，而是能面对现实、正视现实、改变现实。对这些人来说，往往能做到审时度势，对周围的事物和环境能够做出客观的认识和评价，并能以积极进取的态度正确对待现实环境，既有高于现实的理想，又不沉湎于不切实际的幻想和奢望中，因而能应付比较复杂的局面。当发现自己处于不利的或困难的境地时，也不惊慌、恐惧，能够冷静地处理，将不利转化为有利，将困境转化为顺境，而且在这个过程中锻炼自己的能力。

第八，智力活动正常。

智力活动正常，不一定是指智力超常（智力活动超常也属于智力活动正常的范畴），而是说，这类人的注意力、观察力、记忆力、思维能力、想象力都是正常的，能较好地胜任自己的工作，头脑清醒，不糊涂，反应敏捷，思维清晰，逻辑性强，该当机立断的时候毫不犹豫。

二、学生心理发展的特点

为了更好地把握学生的心理健康问题，我们先要了解人心理的一般规律以及学生心理发展的一般特点。

（一）心理活动的实质

人人具有心理活动，它是每个健康人时刻进行着的脑活动。那么，人的心理活动的实质究竟是什么？

1. 心理是脑的机能

脑的生理研究和临床观察证明，任何一种心理活动都和脑的某一部位有关。任何脑部位的损伤，在其生理机能变化的同时也发生心理变化。离开脑这一物质基础，任何心理现象都不会出现。

2. 心理是对客观现实主观的、能动的反应

客观现实是人心理的源泉和内容，如果把大脑比作加工厂的话，那么感知到的东西就是原材料，心理就是产品。没有客观事物作用于人的感觉器官，大脑这个加工厂就没有原料生产，当然也不会有心理活动产品。但是人的心理不是客观的原型，而是有选择性的反应，这就使人的心理活动具有主观能动性。但这种主观能动性不是无限的，要受到社会历史条件的制约。

3. 社会生活实践是人心理发生、发展的根源

人的心理基础是社会实践，没有社会实践，人的心理就不会发展，甚至不能产生。很多例子证明，人在儿童期如果没有机会与文明的社会生活相接触，大脑得不到适当的刺激，其心理发展就会陷于停滞。"狼孩"卡玛拉就是典型的例子。可见，社会生活实践在产生人心理方面起着决定性的作用。

（二）心理活动的特点

人的心理活动既具有自然的属性又具有社会的属性，自然性是其基本属性，社会性是其本质属性。说其自然性，是因为思维、意识是人脑的产物，而人本身又是自然界的产物，因此，人脑的产物归根结底亦是自然界的产物。但人总是在一定社会中生活的，人的心理活动必然被烙上社会的印记。在人脑的形成过程中，除自然进化的作用外，一个最根本的因素是劳动，即社会交往、社会实践。因此，人脑也是社会的产物，人脑本身的社会性决定了人的心理活动具有社会性。人的本质是一切社会关系的总和。

（三）心理发展的基本规律

心理发展是指个体随着年龄的增长，在相应环境的作用下，整个反应活动不断得到改造，日趋完善、复杂化的过程，是一种体现在个体内部的连续而又稳定的变化。人的心理发展通常呈现以下规律。

1. 连续性与阶段性

心理发展既体现出量的积累，又表现出质的飞跃，从而表现出阶段性。阶段性是指在心理发展过程中，在不断量变的基础上产生质变，而使某个年龄阶段具有不同于其他年龄阶段的一般的、典型的、本质的特点。连续性是指各个年龄阶段的心理发展虽然是有区别的，但也是不间断的，表现出心理发展的继承性。在某一年龄阶段之初，会保存着大量的前一年龄阶段的心理特点；在这一年龄阶段之末，也会产生较多的下一年龄阶段的心理特点。

2. 方向性和不可逆性

正常情况下，心理发展具有一定的方向性和先后顺序，既不能逾越，也不能逆向发展。例如，个体动作的发展就遵循自上而下、由躯体中心向外围、从粗动作到细动作的发展规律，这些规律可概括为动作发展的头尾律、近远律和大小律。

3. 不平衡性

个体从出生到成熟体现出多元化的模式，表现为：不同系统在发展速度、起始时间、达到的成熟水平等方面不同，同一机能系统特性在发展的不同时期（年龄阶段）有不同的发展速度。个体在某一特殊的成熟时期，受适宜的环境影响，最容易习得某种行为，发展特别迅速，而如果错过该时期，这方面的发展就会变得较为缓慢，这个特殊时期便被称为关键期。从总体发展来看，幼儿期出现第一个加速发展期，然后是儿童期的平稳发展，到了青春期又出现第二个加速期，然后又是平稳地发展，到了老年期开始下降。

4. 个体差异性

尽管每个人的发展都要经历一些共同的基本阶段，但发展的个体差异仍然是明显的，发展优势（方向）、发展的速度、高度（达到的水平）往往是千差万别的。例如，有的人观察能力强，有的人记性好；有的人爱动，有的人喜静；有的人早慧，有的人则大器晚成。

（四）学生心理发展的一般特点

学生具有什么样的心理特点？这些心理特点是如何影响学生的心理健康的？学生心理发展的诸方面特点后面都有详细的阐述，这里只是简单地概括一下。

1. 认知发展特点

认知是一种认识过程，指人在认识客观事物的过程中，为了弄清客观事物的性质和规律而产生的心理现象。总体来说，学生的认知发展已经达到较高的程度，也逐渐形成了自己的认知风格。他们不仅感知能力趋于完善，具有在抽象水平上精确地掌握理解各种事物及其关系的能力，而且在想象、独立思考等方面的能力也有很大的提升。但受青春期"自我中心"的影响，在看问题时容易陷入非黑即白的思维中，批判性有余而客观性不足，有时显得不够成熟。

2. 情绪发展特点

在生活中，情绪是人心理状态的晴雨表，它反映着每个人内在的心理状态。美国心理学家霍尔把青年时期的情绪特征概括为"狂风暴雨"。大学生正处在青年期，具有青年人共有的情绪特征，往往情感丰富、情绪体验强烈，两极化明显，容易激动甚至会盲目地狂热，也容易灰心丧气，情绪来得快，平息得也快。总的来说，学生的情绪特征正处于由波动性向稳定性逐步过渡的阶段。

3. 意志发展特点

意志使人自觉地确定目的，并根据目的调节支配自身的行动，克服困难，实现预定目标的心理过程。它是人意识能动性的集中表现。学生的意志品质已呈现出较高的水平，但发展不平衡，总体上呈现以下特点：自觉性有很大提高，但惰性不同程度地存在；理智感大大增强，但自制力仍显薄弱；有毅力，但持久性相对不足；独立性明显提高，但伴有依赖性、逆反性；果断性增强，但带有一定的冲动性；意志品质发展具有不平衡性和不稳定性。大学时期，学生的各种意志品质迅速发展，但仍没有定型，有一定的可塑性。

4. 自我意识发展特点

进入大学的学生，都会思考"我是谁""我要做什么""我为什么上大学"等问题，这些都是学生自我意识的体现。生活阅历与学习特点决定了大学生自我意识的独特性。从学生的自我认知看，主要表现在自我分析的广度拓宽但深度不够，自我认识的自觉性和主动性明显提高，自我评价能力提高但欠客观，有片面性。从学生自我体验看，其形式显现出丰富性、敏感性、波动性和深刻性等特点，其内容则显现出自尊和自卑共存、开放性与闭锁性同在等特点。从大学生的自我调控看，自我控制能力较中小学阶段有所提高但仍然相对较弱，自我完善的愿望强烈但行动落后于想法。

（五）学生的心理发展任务

1. 国内外学者论青年期心理发展任务

不同的人生发展阶段具有不同的发展任务，也称发展课题。中外学者对此有不少的论述。

（1）哈维格斯特的发展任务观

"发展任务"的创始人哈维格斯特提出了发展任务的系统见解。他认为，发展任务是个人在人生各阶段必须获得的机能、知识、技能、态度等，这既是个体的要求，也是社会的要求。他指出，人为了度过幸福的人生，在各个时期有该时期必须做的事情，错过了这一时期就不行。如果能完成该时期的任务，便是幸福的，并且也易于完成以后的任务。如果没有完成，个人就会感到不幸，也会遭到社会的谴责，影响下一个时期任务的完成。

哈维格斯特就青年期的发展任务进行了系统的论述，共列举了10项青年期的发展任务：①学习与同龄男女之间新的熟练的交际方式；②学习作为男性或女性的社会任务及角色，发展独立性；③认识自己的身体构造；④从精神上独立于父母及其他成人；⑤具有在经济上自立的自信；⑥选择职业及为其准备；⑦做结婚及家庭生活的准备；⑧发展作为社会成员所必须具备的知识和态度，发展人生观；⑨追求并完成负有社会责任的行动；⑩学习作为行动指南的价值观和伦理体系。

（2）林崇德的青年期发展任务

我国学者林崇德提出，青年期的发展任务包括10个方面：①对身体的发育，特别是对因性成熟引起的诸多变化的理解和适应；②从精神上和经济上脱离父母并走向独立；③逐渐完善作为男性或女性的性别角色；④对新的人际关系，特别是异性关系的适应；⑤正确认识自己在社会中的角色，通过各种社会活动完善自己；⑥树立作为社会一员所必须具备的人生观和价值观；⑦掌握作为社会一员所必须具备的知识和技能并付诸社会实践；⑧选择职业及适应工作；⑨恋爱、结婚及适应婚姻；⑩成就感的获得与自我实现。

上述学者提出的青年期心理发展任务也是处于青年期的学生的心理健康发展任务。

2. 学生的心理发展任务与心理健康

从人生的发展阶段看，大学生处于青年期。青年期是由儿童向成人的过渡期、转变期。大学生应完成相应的心理发展任务，否则将不能顺利进入成人发展阶段或会影响成人阶段的发展任务。从心理健康的角度看，顺利完成发展任务，有助于大学生获得积极向上的心态，并为后一阶段心理健康发展任务的完成奠定良好的基础，对前一阶段完成的发展任务产生积极的巩固或修复作用；反之则会带来挫折和失落，甚至阻碍心理的发展。

美国学者戚加宁提出了大学生的7个发展任务，其主要内容有。

①发展能力。在大学期间，学生可以增进和发展多方面的能力，使自己更有信心来表达这些能力，包括智力、体力、社交能力等。

②管理情绪。大学生们每天面对许多挑战，有些来自学习方面，如选修课、考试、写论文，还有些来自人际关系、家庭、生活等方面，从而产生种种不同的情绪，包括积极的和消极的。大学生要充分了解自己，认识自己的情绪，并以恰当的方式来处理情绪。这对整个人生都有着深远的意义。

③由自主迈向相互帮助。作为大学生，学习独立、学习自己承担责任是十分重要的。在学习独立的同时也要学习如何相互帮助，如何相互包容、友善待人，因为每个人的行为都会影响自己和他人，在有些情况下个人需做出牺牲、让步，以达成共识。

④发展成熟的人际关系。与别人建立关系对大学生的生活有很大的影响，建立成熟的人际关系十分重要。既要容忍和欣赏别人与自己的不同，又要有能力与别人发展亲密关系。维持这样一种亲密融洽的关系需要自我认识、自发性、自信心支持及沟通等。

⑤确立自己的角色地位。这一点对于大学生来说十分重要，它既影响自尊心、自信心的建立，同时也影响他人对自己的满意及接纳程度，还会影响对自己的评价。

⑥发展目的。发展目的包括不断增强能力，制定计划，设定方向和目标。具体来说，包括：一是职业上的计划及期望；二是个人兴趣；三是对人际关系及家庭的承担。人生目标的制定往往与大学生自己的价值观及信念有关。

⑦发展整合。大学生的价值信念是引导他们行为的方向，也是他们为人处世的原则。它包括行为与价值一致、顾及别人的利益、尊重别人的意见，同时能够

肯定自己的价值观及信念。

整合各方的观点，从大学生的心理特点看，大学生心理发展的任务可以概括为。

①明确自己的角色形象，确立内在的生活目标，在更高层次上实现自我意识的统整。

②发展良好的人际交往能力，学习与异性和同性建立亲密关系。

③从心理上获得真正的独立，做好未来人生的规划。

④发展社会所要求的专业技能、适宜的行为模式和积极的价值观念，完成社会化任务。

三、学生心理健康的标准

（一）学生心理健康的一般标准

综合国内外专家学者的观点，根据学生这一特殊群体的年龄特征、心理特征和社会角色特征，一般认为我国当代学生心理健康的基本标准如下。

1. 智力正常

智力是指一个人认识能力与活动能力所达到的水平，是人的观察力、注意力、记忆力、想象力、思维能力、创造力和实践活动能力等的综合，包括在经验中学习或理解的能力、获得和保持知识的能力、迅速而又成功地对新情境作出反应的能力、运用推理有效地解决问题的能力等。

智力正常是学生学习、生活、工作的最基本的心理条件，是学生胜任学习任务、适应周围环境变化需要的心理保证。因此，智力正常是衡量大学生心理健康的基本标准。一般来说，大学生的智力是正常的，甚至相对于同龄人，其智力总体水平较高，因而衡量学生的智力水准，关键看学生的智力是否正常地、充分地发挥了效能。

学生智力正常且充分发挥的标准是：有强烈的求知欲和浓厚的探索兴趣，智力结构中各要素在其认识活动和实践活动中都能积极协调地参与，并能正常地发挥作用，乐于学习。

2. 情绪健康

情绪健康的主要标志是：情绪稳定和心情愉快。这是学生心理健康的一个重要指标，因为情绪在身心健康中起着核心作用，情绪异常往往是心理疾病的先兆。学生的情绪健康应包括以下内容。

第一，愉快情绪多于不愉快情绪，一般表现为：乐观开朗，充满热情，富有朝气，善于自得其乐，对生活充满希望。

第二，情绪稳定性好，善于控制和调节自己的情绪，既能克制约束，又能适度宣泄，不过分压抑，使情绪的表达既符合社会的要求，又符合自身的需要，在不同的时间和场合有恰如其分的情绪表达。

第三，情绪反应是由适当的原因引起的，反应的强度与引起这种情绪的情境相符合。

3. 意志健全

意志是人在完成一种有目标的活动时所进行的选择、决定与执行的心理过程。意志健全者在行动的自觉性、果断性、顽强性和自制力等方面都表现出较高的水平。

意志健全的学生在各种活动中都有自觉的目的性，能适时地做出决定并运用切实有效的方法解决所遇到的各种问题，在困难和挫折面前，能采取合理的反应方式，能在行动中控制情绪和言行，而不是盲目行动、优柔寡断、轻率鲁莽、害怕困难、意志薄弱、顽固执拗、言行冲动。

4. 人格完整

人格在心理学上指个体比较稳定的心理特征的总和。人格完整是指有健全统整的人格，即个人的所想、所说、所做都是协调一致的。学生人格完整的主要标志：一是人格结构的各要素完整统一；二是具有正确的自我意识，不产生自我同一性混乱；三是以积极进取的人生观作为人格的核心，并以此为中心把自己的需要、愿望、目标和行为统一。

5. 自我评价适当

适当的自我评价是学生心理健康的重要条件。学生是在与现实环境和他人的相互关系中,以及实践活动中认识自己的。一个心理健康的大学生对自己的认识,应比较接近现实,有"自知之明"。对自己的优点感到欣慰,但又不狂妄自大;对自己的弱点既不回避和否认,也不自暴自弃,而是善于正确地"自我接受"。

6. 人际关系和谐

社会的人总是处在一定的社会关系中,学生也同样离不开与人打交道。和谐的人际关系既是学生心理健康不可缺少的条件,也是学生获得心理健康的重要途径。学生人际关系和谐表现为:乐于与人交往,既有稳定而广泛的人际关系,又有知心朋友;在交往中保持独立而完整的人格,有自知之明,不卑不亢;能客观评价别人和自己,善于取人之长补己之短;宽以待人,乐于助人;积极的交往态度多于消极态度;交往动机端正。

7. 适应能力强

较强的适应能力是心理健康的重要特征,不能有效处理与周围现实环境的关系是导致心理障碍的重要原因。

心理健康的学生,应能和社会保持良好的接触,对社会现状有清晰正确的认识,思想和行动都能跟得上时代发展的步伐,与社会的要求相符合。当发现自己的需要和愿望与社会需要发生矛盾时,能迅速进行自我调整,以求和社会的协调一致,而不是逃避现实,更不是妄自尊大,一意孤行,与社会需要背道而驰。

8. 心理行为符合学生的年龄特征

学生应具有与其年龄和角色相适应的心理行为和特征。若一个学生经常严重地偏离这些心理行为和特征,则有可能是心理异常的表现。

在后面的章节中,我们将根据学生心理健康的标准,具体探讨学生的心理健康状况、常见的心理健康问题以及提高心理健康水平的对策。

(二)科学理解学生心理健康的标准

尽管我们列举了一系列心理健康的标准,但是,在判断一个人的心理是否健康时,我们并不能生搬硬套。因为,心理健康标准仅仅是一种参考,是一种相对的衡量尺度。我们在理解和运用心理健康标准时应注意以下几点。

第一，心理健康具有相对性。绝对心理健康只是一种理想状态，心理有病也只是少数人，绝大多数人或多或少会存在一些心理问题。判断一个人的心理健康状况，不能简单地根据一事一时下结论。心理健康是较长一段时间内持续的心理状态，一个人偶尔出现一些不健康的心理和行为表现，并不等于这个人的心理就是不健康的，这正如一个人睡了一次懒觉，不能就此给他下一个懒惰的结论一样。心理健康的人也可能会有轻微的心理问题，或某个时间内出现暂时的心理失衡，没有一点心理问题的绝对心理健康是不存在的。而且，从社会文化的角度看，心理健康也具有相对性。心理健康标准是随着时代变迁、社会发展、制度变革、社会文化背景的差异而变化的。特定的社会文化对心理健康的理解取决于该文化对心理健康的各种特征所持的价值观，这也是不同的国家、同一个国家的不同地区、同一个地区的不同阶层（如年龄、文化、职业、性别）需要有不同的心理测量常模的原因。

第二，心理健康具有连续性。人的心理健康状态不是只有健康与不健康两个泾渭分明的对立面，在健康与不健康之间存在着一个巨大的量变过程。从出现发展性问题到适应性问题再到障碍性问题，心理问题的严重程度是逐渐增加的，从健康到不健康有个逐渐过渡的过程。因此，心理健康状况与其说是正常与异常这两种类型上的差异，不如说是程度上的差异。

第三，心理健康具有动态发展性。心理健康状态并非静止的，而是处在不断变化中。它随着人的成长、环境的变化而改变，既可以从不健康转变为健康，也可以从健康转变为不健康。所以，应用发展变化的眼光判断大学生的心理健康状况。事实上，有些不健康的心理行为可能是人在成长中不可避免的发展性问题，或暂时性的心理表现，其状况会随着自身的发展而自行消失。

第四，心理健康具有整体协调性，把握心理健康的标准，应以心理活动为本，考察其内外关系的整体协调性。事实表明，从心理的构成要素看，无论哪一方面要素的缺损或丧失，或各要素之间不能协调地进行符合规律的运作时，都会危及心理健康。从心理过程看，人的心理活动应是一个有机统一的协调体，认知是健康心理的起点，意志行为是人格的体现，情感是认知与意志行为之间的中介因素。只有认知、意志、情感以及行为协调统一，一个人才能实现心理健康。从个性角度看，稳定性是个性的基本特征。因此，如果没有受到明显的、剧烈的外部因素影响，一个人的个性是不会轻易发生变化的，否则说明其心理健康状况可能发生了变化。

第五，心理健康具有差异性。组成心理健康标准的各要素，在个体身上并非同等发展，而是具有差异性的。即某些心理要素可能比另一些心理要素表现得更健康或更不健康，而且在不同的时间和场合可能会有所差异。

第六，心理健康具有延伸性。心理健康标准反映的是个体良好地适应社会生活所应具备的心理状态的一般要求，而不是最高的心理境界，即心理健康具有延伸性。为了充分发挥自身潜能，达到最大可能的自我实现，每个人都应该把提高心理健康水平、充分发挥自身潜能、促进自己全面发展作为自己终其一生的发展任务。

第七，需要强调的是，心理是否健康（尤其是否出现心理障碍）需要心理专业人员的鉴定，学生不可对号入座或随便给自己和他人贴上某种标签，以免产生不良的心理暗示。

第二节 大学生心理健康的状况及其影响因素

学生正处在人生发展的高峰时期，是国家的希望，社会的未来。大学生一方面正处于心理发展的特定阶段，另一方面又经历着社会变革的冲击，因此，在成长过程中出现种种矛盾和问题乃至出现心理问题也是正常的。科学把握学生心理健康的现状及其影响因素，对提高学生心理适应能力、优化心理素质、进行针对性的自我调整有着重要意义。

一、学生心理健康状况

（一）学生心理健康的总体状况

近几年全国各地对学生心理健康状况的调查显示，大多数学生的心理健康状况是积极、正向、良好的。他们的智力水平普遍较高，求知欲望强烈，对学习有浓厚的兴趣，学习效率较高；他们有较完善的自我意识，能较好地认识和表现自己，对自己有恰当的评价，能较好地认识自己、悦纳自己；他们富有朝气和活力，态度积极，情绪比较稳定，乐观自信，对未来充满信心；他们有比较健全的意志，自觉性和自制力较强；他们人格完整统一，敢于竞争和不断进取；他们拥有良好的人际关系，对社会现状有较客观的认识，善于进行自我调节，社会适应性良好。

总的来说,当代学生的心理健康状况是适应学校生活的,并有助于促进学生的健康成长。走向社会后,绝大多数的学生都表现出了较好的社会适应能力。

当然,大学阶段一方面是学生人生发展的黄金时代,另一方面也是人生中充满矛盾纠结、身心发生较大的变化、趋向社会成熟而又尚未完全成熟的一个过渡期,是人生中最具有可塑性的时期。加之社会的迅速发展、生活节奏的加快,学生面临着生活、学习、择业等多重压力,每位学生在其成长的过程中都会遇到各种问题,遭遇种种挫折,从而出现这样那样的矛盾、冲突、困惑、不适。但学生所遇到的困惑大多数都是"成长的烦恼",是一个人发展过程中难以避免的,甚至是成长所需要的。正是在经历种种磨难和挫折的过程中,学生获得了更好的心理发展和自我成长。但也有极少数的学生由于经历的挫折较大,自己不善于调整,也没能得到外界的有效帮助,从而陷入困境,严重的甚至引发心理疾病等。

(二)学生心理健康问题的主要表现

来自学生心理健康测查和高校心理咨询机构的调查显示,学生最常见的心理问题是人际关系问题、恋爱问题、学习问题、择业问题和情绪问题等。其中,年级不同,学生心理健康问题也有所差异。大一学生的主要心理问题是新生适应问题,这也是目前高校带有普遍性的问题,同时也是高校心理咨询和学生教育管理的重点内容。大二学生的心理问题主要表现为人际交往、学业问题。大三学生的恋爱情感问题比较突出,考研、就业压力、对未来的规划、职业选择等问题也比较突出。大四学生则主要表现为求职择业问题和未来发展问题。当然,上述分布并不绝对,学习压力、情感纠纷、人际冲突是贯穿各年级的。

1. 适应问题

适应问题突出反映在大一新生阶段。进入大学后,几乎每位新生都会面临环境适应、自我认知、学习方法、人际交往等方面的调整和适应问题,大部分学生会表现出不适应甚至产生失落感和茫然感,只是问题程度和持续时间不同罢了。一方面,对于绝大多数新生来说,迈入大学的校门意味着远离父母、亲朋好友以及熟悉的生活、学习环境,开始独立生活,许多问题需要自己独立处理。如果他们不能尽快地适应,就会出现不同程度的适应问题。对于一部分在中学时成绩优异,一直生活在老师的宠爱和同学的羡慕之中,形成了一种"优越感"的同学来说，进入大学后，还要面临角色的转变，面对"高手云集"的新集体，他们可能失去了往日的"风光"，不再像高中一样"辉煌"。如果不能对此巨大的心理落差做出及时的调整，就会造成焦虑、自卑等不良心理，有的新生甚至从此一蹶不振。

2. 生涯规划与就业心理问题

大学是连接学校与社会的桥梁，如何做好生涯规划关系到每个学生的学习和生活，也可能影响其一生的发展。但很多学生缺乏人生规划的意识，对未来容易感到迷茫。另外，随着经济结构的调整和高等教育大众化进程的推进，学生的就业压力越来越大。不少学生由于对此变化不适应，不能做出及时调整和顺应，因而出现种种困扰和苦恼，在求职择业方面出现心理问题。具体表现为：由于就业心理准备不足而产生盲目心理、从众心理；因缺乏对自我的客观评价而导致的自卑、自负；由于对竞争缺乏信心而产生焦虑；因缺少独立意识而形成的依赖心理，由不能面对现实而造成的逃避心理；因自我定位不清晰而产生的攀比心理等。这些问题都会影响学生的生涯规划和顺利就业，影响学生的心理健康和发展。

3. 学习问题

大学的学习目的、学习方式、学习内容都有别于中学，一些学生忽视了对学习方法的调整，刻板地沿用中学阶段的学习方法来应对大学课程，或者由于学习动力缺乏、学习目的不明确、学习兴趣偏低、学习态度不端正、学习动机功利化等，导致在学习过程中出现挫折、迷茫、困惑以及考试不及格等问题，进而出现紧张、焦虑、挫败、自卑、厌学等不良情绪反应。不良的情绪反应反过来又进一步影响其学习效果，导致学习压力进一步加大。另外，专业选择不当也会给一些学生带来心理困扰。

4. 情绪问题

学生情感丰富、细腻多变，然而由于社会经验不足，情绪不稳定，往往容易出现急躁情绪，感情用事。学生的内心体验比较丰富、细腻，更注重情感生活。但由于他们的情绪、情感具有两极性、矛盾性的特点，自控能力不强，感情比较脆弱，常常会因日常生活中的一点小事而情绪波动。特别是在生活、学习等方面遇到较大的挫折时，容易表现出抑郁、焦虑、无助甚至绝望等不良情绪状态。

5. 人际交往问题

人际交往问题往往排在学生各种心理问题的首位，已成为困扰大学生学习和生活的一个重要因素。处于青年时期的大学生，人际交往的需求极为强烈，他们希望借此去认识世界、获得友谊，满足自己精神上的各种需求。但由于缺乏社交经验和技巧，对人际关系的追求往往又带有较多的理想色彩，导致他们对社交现状不满，归属和爱的需求不能获得满足，由此产生失落感和孤独感。人际交往问题成为最困扰大学生的心理问题之一，主要表现为：社会认知能力不强、缺乏社会交往经验和技巧致使人际关系失调、人际冲突严重等，容易导致焦虑、恐惧、退缩、逃避等不良心理和行为反应。互联网时代的兴起也对人际关系产生了很大的影响。许多大学生喜欢在网络上交友，不愿意与身边的同学、教师和朋友进行面对面的沟通。

6. 恋爱与性心理问题

随着生理和心理的日渐成熟，大学生的情感需求逐渐强烈，对恋爱及两性问题很关注，也很敏感。但由于他们的思想尚不成熟，考虑问题较简单，大学生对什么是爱情，爱与喜欢、好感如何区分，如何寻找、表达、获得或拒绝爱情，特别是对如何正确处理失恋、单相思以及性需求、性行为等问题感到迷茫与困惑，因而容易造成心理困扰。

上述问题是大学生中比较常见的，它们既可以是心理问题的表现内容，也可以是引起心理问题的原因，而且各种问题之间也往往相互作用，比如人际关系问题会引起学习问题、情绪问题等，而学习问题也可能引起人际关系问题和情绪问题等。

二、影响学生心理健康的因素

学生的心理健康问题是生物、心理、社会诸因素作用于个体的结果，值得重视的是心理、社会因素对学生心理健康的影响。

（一）影响学生心理健康的内在因素

1. 生物学因素

对学生的心理健康产生影响的生物学因素主要有以下几种。

①大脑的器质性病变和有害物质的侵入。根据临床观察和专家的研究分析，脑器质性病变，如脑肿瘤、脑萎缩、脑炎、脑血管疾病、脑外伤等，会直接导致各种心理异常表现，甚至出现意识障碍、智能障碍、情感障碍和人格异常等。中毒也能引起各种心理疾病。麻醉剂、兴奋剂、镇静剂以及长期酗酒、大量吸烟等导致的中毒现象也会改变人的正常心理活动。

②躯体疾病。各种躯体疾病，尤其是慢性疾病，常可使人变得烦躁不安、敏感多疑，情绪稳定性降低，行为控制力减弱，兴趣缺乏，人际关系变得紧张，严重的还可能导致心理障碍，包括情感障碍、智能障碍和人格改变等。

③遗传因素。大量研究表明，在精神疾病中，尤其是在精神分裂症、躁狂症、抑郁症等的发病因素中，遗传因素占有重要的地位。

④神经系统发育的健全性。神经系统发育不健全，如大脑皮质和皮质下神经组织之间的相互协调作用有某种障碍，大脑皮质的兴奋和抑制过程的协调作用有某种障碍等，均可导致心理出现某种偏差。神经类型属弱型的人更容易受到不良因素的影响而出现不健康的心理行为。

⑤生理发育因素。个体生长发育状况、人体的某些生理特征（男生的身高、女生的体形以及外貌等）都会给学生带来心理压力，对其心理健康产生一定的影响。

2. 心理因素

个体心理因素是影响和制约学生心理健康的主要内因，一般来说有以下几点。

①认同的危机。大学阶段正是学生解决"自我同一性"危机的时期。学生不断地反省自我和人生，思索着自己、社会以及两者之间的关系。在确定"自我同一性"的过程中，学生会经历各种内心矛盾和迷惘，情绪起伏大，容易诱发一些心理障碍。而"认同危机"解决得如何，本身也是衡量心理健康水平的标准之一。

②性的生物性与社会性冲突。从生理上看，处于青年期的大学生已经性成熟，有了性的欲望与冲动，然而由于社会道德、法律和理智的约束，这种欲望被限制和压抑着。一般情况下，大学生通过学习、工作、文娱活动、社交等途径使生理能量得到正当的释放，得到某种程度的宣泄、代偿、升华，否则容易产生不适当的性压抑，有时甚至是比较严重的性压抑。不适当的性压抑是导致心理障碍的重要因素之一。

③挫折承受能力。一方面，由整个社会的紧张性刺激增多而带来的应激或压力在广度和深度上都在增加；另一方面，不少大学生的心理素质远远跟不上。在"过度保护"的环境中成长起来的大学生，相当一部分人心理素质脆弱，遇到一点不顺利、不如意，就容易有挫折感，尤其是当受到的挫折强度较大或时间较长时，就会转向失望、自卑，变得心灰意冷、萎靡不振。还有些大学生在受到挫折、阻碍时，会表现出攻击性行为，甚至诉诸暴力手段来解决问题。

④情绪调整力。大学生正处在情绪最强烈而又最动荡的时期。他们的情绪富有冲动性，常摇摆不定，跌宕起伏。故容易缺乏冷静的思考，因而常会因做错事而懊丧悔恨。同时，由于情绪具有弥散性的特点，大学生对事物的判断有时会失去客观性，表现在对挫折的判断上往往会以点概面、灾难化或夸大化，使人生蒙上阴暗的色调。

⑤个性发展状况。同样的环境因素，同样的挫折，不同的个体有不同的反应模式，这与人的个性有直接关系。性格内向、孤僻、沉郁、压抑、过于自卑或过分自尊、急躁、冲动、固执、多疑、好钻牛角尖、易偏激、有太强的个人欲望和过高的个人期望、不善于人际交往、唯我独尊、爱慕虚荣、娇生惯养、感情脆弱等个性特征，都是不利于心理健康的，而其中有些本身就是心理障碍的表现。

⑥人生观。大学生一方面正处于人生观逐步确立阶段，另一方面又面临多元价值体系的选择，加之某些社会思潮的影响，使其人生观的确立变得困难而复杂，且动荡不定。人生观的动荡模糊往往会影响大学生对事物的评价，使他们在遇到困难、挫折时产生情感波动，不能正确对待，尤其是错误的人生观往往限制了他们的视野，使他们经受不住心灵的创伤。

⑦内心矛盾冲突。青年期的大学生正处在由不成熟趋向成熟的过程中，成熟与不成熟常常交叠在一起，这典型地反映在他们的内心矛盾冲突中。例如，自立与依赖的矛盾，自信与自卑的矛盾，理想与现实的矛盾，知与行的矛盾，感情与理智的矛盾，需要与满足的矛盾，闭锁性与开放性的矛盾，冲动与压抑的矛盾，

向善的愿望与从恶的意念的矛盾等。当一个人长期处于内心矛盾中或内心矛盾冲突的强度过大时，加之外界某些事件的作用，就可能破坏心理平衡而出现心理障碍。

青年期是一生中最苦闷、烦恼最多且体验最深刻的时期，此时大学生的内心敏感又脆弱，很容易受到伤害，当不良的社会环境因素与不良的生理、心理因素交互作用时，就会导致心理健康问题。因此，特别需要加强心理健康教育。

（二）影响学生心理健康的外在因素

影响学生心理健康的外在因素主要来自家庭、学校和社会几个方面。

1. 家庭因素

著名教育学家马卡连柯曾说过："父母像牛马一样娇惯出来的子女，不是家庭的叛徒，就是社会的暴君。"可见家庭对子女的影响是非常重要的。家庭是人生的奠基石，父母是孩子的第一任老师，对孩子成才的影响是长久而深远的，这种影响包括过去生活中造成的和此时此刻正在发生的。家庭因素中比较重要的有父母的教养态度和方式、家庭结构、家庭的情绪氛围、家庭经济状况等。

①父母的教养态度和方式。父母的教育方法直接影响着孩子的行为和心理。父母的教养方式一般有权威－民主型、独断－专制型、宽容－溺爱型和放任－忽视型四种。其中独断－专制型、宽容－溺爱型和放任－忽视型的教养方式易对子女造成心理问题。一般来说，民主、平等而非命令的、居高临下的，开明而非专制的，潜移默化而非一味娇宠的教养态度与教育方法，有利于学生心理的健康发展。

②家庭结构。父母双方或一方去世、单亲家庭、重组家庭、家人有违法犯罪行为等因素也会对孩子的心理产生一定的影响。处于残缺型家庭结构的子女因为缺少与家庭的正常情感沟通，经常体会不到亲情的温暖，归属感和爱的需要得不到满足，容易导致其情绪不稳定、心理不平衡、人际关系不协调、自我评价不恰当、价值观念不正确，不同程度地阻碍或扭曲了健康人格的发展。需要特别指出的是，由父母不全或与父母分离而给子女带来的心理健康问题，其本质原因与其说是由不完整的家庭结构所造成的，还不如说是由不完整的家庭在客观上更有可能削弱亲子间的联系而导致的。也就是说，家庭成员间互相联系的方式比家庭结构更重要。

③家庭的情绪氛围。家庭氛围是身处其中的人形成良好心理素质的前提，家庭成员间的语言及人际氛围直接影响着家庭中每个成员的心理状况。家庭成员之间关系和谐、融洽，能相互体谅、相互关心，尽管遇事会产生意见分歧，但在原则问题上能团结一致。在这种氛围下，子女不但能体会到关怀、幸福和温暖，而且能学会与人沟通、交流与合作的方法，使子女的思维、意志、能力等得到和谐发展，并从中获得安全感，形成乐于接受教育的自觉性。相反，如果家庭成员之间关系紧张敌对、冷淡疏远，常处于相互指责、争吵、缺乏爱和温暖的家庭氛围中，极易使子女缺乏安全感，产生焦虑、不安、恐惧的情绪，形成孤僻、怯懦、自卑、偏执、退缩、封闭的性格，对事情冷漠、不合作，甚至把不良情绪发泄到别人身上，以求获得心理平衡。因此，良好的家庭氛围有利于青少年形成健康的心理和健全的人格。

④家庭经济状况。在人们遭受的挫折中，贫困是比较常见和短期内难以改变的。随着我国高等教育深化改革和社会贫富差距拉大，贫困生作为大学校园中的一个特殊群体，承受着较大压力，甚至陷入"心理贫困"状态。许多研究表明，家庭经济状况也会影响大学生的心理健康。贫困大学生由于家庭经济条件差，生活压力重，往往也容易在心理上承受较大的压力。一部分大学生因此产生自卑、抑郁、焦虑、孤僻、嫉妒、人际关系敏感、攻击性、退缩、自我封闭等一系列的心理行为问题，给他们的学习、生活等诸多方面造成了不良影响。当然，也有相当一部分贫困大学生自强自立，反而比一般的大学生成长得更快。

2. 学校因素

学生之前接受的教育使他们在进入大学后仍存在对家长和老师的依赖心理，不能适应大学的自主学习模式。大学是大学生生活、学习的主要场所，学校的环境和教育对大学生的心理健康有着更直接、更深刻的影响。概括起来，影响大学生心理健康的不良校园因素主要有以下几种。

①人际关系因素。大学生的人际交往网络要远远比高中生宽广和丰富，当然与大学生打交道最多的还是老师和同学，对其心理影响最大的也是老师和同学。由于来自不同的地域，学生的文化背景、价值观念、生活习惯、个性、兴趣等有所不同，加之人际交往能力不强等因素，容易与人发生摩擦和冲突，导致人际关系紧张，特别是同寝室同学之间更容易发生矛盾纠纷，从而影响心理健康。老师对待学生的态度、行为及其素质等也会对学生的心理造成深刻的影响。

②学习生活的压力。大学生的主要任务是学习，因此学习状况成为影响大学生心态的重要因素。许多大学生常常为自己的学习成绩和未来的就业担心、不安，时常感到学习压力大。这种压力一方面来自繁重的学习任务、不当的学习方法、过多的证书考试，精神长期过度紧张；另一方面来自大学里竞争内容的扩展，竞争不再仅仅局限于学习成绩，还包括各种知识、能力、特长的比较。此外，学习兴趣与所学专业的矛盾也是相当一部分大学生产生焦虑、紧张、冲突、痛苦、自暴自弃等心理的原因。适度的紧张和压力有助于一个人的成长，但如果精神长期处于高度紧张的状态下，就会对心理造成不良影响。

③课余文化生活。大学生活应该是丰富多彩的，关键是自己能不能善于把握。一些大学生因为兴趣少、活动技艺不足，加之娱乐场所、器材缺乏，觉得与想象中的丰富多彩的大学生活相去甚远，因而产生枯燥、乏味、空虚、压抑、失望和苦闷等不良情绪。一些大学生将课余生活的重心转向网络，沉溺于虚拟的网络世界，沉醉于一种虚幻的满足，甚至导致网络成瘾问题。

④就业压力。随着我国高校招生规模不断扩大，每年的毕业生数量激增，求职市场出现人才过剩的现象。有些大学生就业期望值过高而自身就业准备又不充分，这些都容易造成沉重的压力。

⑤素质教育的落实。尽管素质教育已实施多年，但应试教育的影响依然存在。近年来高校心理健康教育越来越受到重视，但发展很不平衡，与大学生的需求相比，与社会发展对人才心理素质的要求相比，还有一定距离。因此，无论是在学校，还是将来走上社会，学生普遍呼吁要进一步加强心理健康教育，以提高心理健康的维护、促进能力。

3. 社会因素

急剧的社会变革和科学技术的高速发展，使大学生面对的社会刺激日益增多，对他们的心理健康造成了一定的影响。现代化的过程既是经济发展、生活环境变化的过程，更是社会结构、生活方式、价值观念、行为模式变革的过程，是民族文化、国民性格变迁的过程。现代化带来了社会的发展和人民的幸福，也带来了负荷和危机，它在增进人们健康的同时，也制造了新的有害身心的因素。

社会急剧变革，导致多种社会问题凸显；人口膨胀、交通拥挤、空气污染、社会关系紧张和社会阶层复杂多变等，构成了不良的心理应激；现代社会的生活节奏加快，竞争加剧，在很大限度上加重了大学生的心理压力；信息负荷过重，社会信息化、网络化的瞬息万变，给大学生的心理适应能力带来了巨大的冲击；多种文化的交汇所带来的冲突、观念的多元和多变，使部分大学生失去了稳定感，变得难以认同，无所适从。

综合以上分析，需要指出的是，以上这些因素并非是单一地对个体产生影响的，而往往是多个因素共同作用于个体。此外还必须指出，以上这些因素对大学生健康的影响不都是消极的，有些因素对有些大学生也可产生积极的影响。各种环境因素通常需要通过个体内在的心理因素（如人格）的中介或调节机制影响个体的心理健康水平。当遭遇不利的应激环境时，如果能够妥善地予以应对，主动改造环境以利于个人和社会的健康发展，或者改变自己以适应环境，那么在此过程中，这些学生便能增强适应环境的能力，并增加其健康人格特质的负载量。目前，人们经常提到的两种相关的健康人格特质是坚忍性和心理弹性。拥有健康人格是所有大学生的人生理想；目前，在我国大、中、小学生中广泛开展的心理健康教育，所要达到的根本目的便是培育和优化各种心理健康素质，即健康（健全）人格。

第三节 学生心理健康的促进与干预

教育部在《普通高等学校学生心理健康教育课程教学基本要求》中指出："加强和改进学生心理健康教育是全面落实教育规划纲要、促进学生健康成长、培养造就高级专门人才的重要途径，是全面贯彻党的教育方针、建设人力资源强国的重要举措，是全面提高高等教育质量、加强和改进大学生思想政治教育的重要任务。"学生心理健康的重要性已越来越为大家所认同，如何提高学生的心理健康水平正在成为高等教育的重要任务，成为每个学生关心的重要问题。

一、学生心理健康的意义

谈到学生心理健康的意义，一些人会把心理健康与没有心理障碍、心理疾病或发生心理危机联系起来。这种理解是片面的。从本质上说，高校心理健康教育是面向全体学生的教育，是为了学生的健康、快乐、成功，或者说为了学生更健康、更快乐、更成功。具体地说，心理健康对大学生的健康成长、全面发展具有以下几方面的意义。

(一) 心理健康是学生成才的保证

实现学生的心理健康，是学生心理健康教育的最终目的，而心理健康对学生成才是至关重要的。心理学研究表明，人的一切思想、行为和活动都是以一定的心理活动为前提的，都是在人的心理调节下进行的。因此，学生能否成才，在很大程度上取决于其心理是否健康。

首先，学生的心理健康状况直接影响他们的学业。苏联著名的教育家苏霍姆林斯基说过："教学的效果在很大程度上取决于学生的内在心理状态如何，积极、热情的情绪是推动学习的内在动力。"健康的心态能强化人的智力活动，促进智力的发展，从而有利于学业的完成。心理健康的学生，精力充沛，学习效率高、效果好。他们有广泛的兴趣、爱好和强烈的好奇心，在完成专业课程的学习后，能广泛阅读各种课外书籍，丰富和完善自己的知识结构。具有健康心理的学生能正视学习和生活中遇到的各种冲突和挫折，积极克服内外干扰和困难，努力进行自我调节，更好地去适应学校生活，保证学业的顺利完成。而心理健康素质有缺陷的人，即使智商高、聪明过人，却终日被自己的心理问题所困扰，不能正确地对待和处理所面临的困难，要么不能迅速适应自己的新角色，要么不能承受一时的挫折和打击，因而往往不能持久而有效地学习并获得最终的成功。

其次，学生心理健康状态直接影响潜能的开发。教育的目的之一就是要开发受教育者的潜能。良好的心理健康素质和潜能开发是相互促进、互为前提的，健康的心理，如良好的自信心、积极的情绪、坚强的意志、完善的人格等，能使人的感知变得敏锐、思维趋于灵活、记忆力获得增强、头脑更加清醒、精神更加饱满，因而容易形成新的神经联系，促进大脑机能的发育、心理效能的发挥，最终使其潜能得到充分发挥。

(二) 心理健康是学生提高综合素质的保证

从发展心理学的角度看，每个人生发展阶段都有相应的发展任务，一个人的发展就是不断完成其人生发展任务的过程。而心理健康是完成好这些任务的保证。同时，这些任务的完成情况又会直接影响人的心理健康，两者相辅相成。

心理素质包括智力素质和（心理）健康素质，前者为认知能力，后者主要指人格。学生综合素质（包括科学素质、道德素质、人文素质等）的提高，在很大程度上受到心理健康素质的影响。学生各种素质的形成，要以心理健康素质为中介，创造意识、自主人格、竞争能力、适应能力的形成和发展要以心理健康素质为先导。心理健康素质是激发和促进人全面发展的内在动力。它不仅影响学生其他素质的形成与发展，还影响学生其他素质的发挥。从这个意义上可以说，学生综合素质的强弱，主要取决于他们心理健康素质的高低。

（三）心理健康是学生人格健全发展的基础

大学阶段是学生人格形成和发展的阶段，不仅要重视知识的获得、智能的提高，而且要重视优良品质的形成和健全人格的塑造。健康的心理与学生的人格发展密切相关，并直接影响个体人格的发展水平。健全人格的标准，其实就是人心理健康的高层次标准。因此，健康的心理是学生人格健全发展的基础，它有助于学生人格的健康、全面及和谐的发展。

（四）心理健康是学生适应学校生活和未来社会的需要

适应具有重要的意义，物竞天择，适者生存。学生经过努力的拼搏和激烈的竞争，跨入了大学，进入了一个全新的天地。如何适应大学的学习方法，适应大学的生活环境，适应大学的人际关系；毕业以后，如何适应工作要求，适应婚姻生活，适应社会竞争等，都与其自身心理健康水平有关。适应能力强的学生，能够充分利用环境中的有利条件，改变不利条件，求得不断发展，在生存竞争中取胜；而适应能力弱的学生，与环境不相容，使自己的发展受限，在生存竞争中往往被淘汰。适应能力强与弱在很大程度上取决于心理健康水平的高低。心理健康的学生，能与现实保持良好的接触，对周围的事物常有清醒的认识，既有高于现实的理想，又不沉湎于幻想，对生活中各方面的问题和困难不回避，积极进取，能以切实有效的方法加以处理。

知识经济时代的竞争，归根到底是人才的竞争。科技的发展、经济的振兴，乃至整个社会的进步，都取决于优秀人才的培养和人才素质的提高。而心理健康水平、心理素质是人才素质系统的基础。因此，学生的心理健康状态不仅关系到学生个人的成长，还关系到民族素质的提高，以及整个中华民族的前途和命运。

二、学生心理健康水平的促进与干预方法

学生的心理健康状况，既关系到学生个人的成长和发展，也关系到整个民族

素质的提高以及国家的前途和命运。维护和增进学生心理健康是高等教育的重要目标，也是每个学生健康成长的内在需要。影响大学生心理健康的因素既有客观的外在因素，也有主观的内在因素。而外因是通过内因起作用的。因此，要维护和增进学生心理健康，一方面要调节、控制和改变客观的外在因素，家庭、学校、社会要为学生创造一个有利于身心健康的良好环境；另一方面，学生应成为提高自己心理健康水平的主人。

（一）强化心理健康意识

心理健康意识的确立是关键的第一步。心理健康知识是学生增进自我了解，进而达到自我调节的理论武器。实践证明，系统学习过心理健康知识的学生，在自我调适、自我疏导方面普遍表现较好，适应能力较强；而那些缺乏心理健康知识的学生面对各种应激，要么束手无策，要么任其发展，较易形成心理疾病。因此，学生应认真学习心理健康课程，积极参加心理健康专题讲座，自觉阅读有关心理健康教育的课外读物，登录心理健康网站学习知识或收听、收看有关的广播、影视节目等。

（二）学会自我心理调适

学生的自我心理调适包括调整认知结构，完善自我意识，学会情绪调节，锻炼意志品质，丰富人际交往，提高适应能力，塑造健全人格等。本书的后面几章将逐一展开阐述。

（三）参加社会实践活动

人的心理是在社会文化交往、社会实践活动中形成和发展的，因而健康丰富的社会文化交往、社会实践活动不仅有利于学生丰富生活知识和情感体验，增长和发展智能，锻炼意志品质，提高实践能力和心理素质，而且有利于学生自我教育能力的增强。只有在社会文化交往和社会实践活动中，学生才能充分发挥自身的主观能动性，才能积极、主动、自觉地进行自主探索和自我发展，并在自我发现、自我分析、自我判断、自我选择、自我解决问题的过程中成长和发展，在参与活动中获得亲身体验和感悟，进而实现"内化"，促进自身心理健康。

（四）养成健康的生活方式

生活方式是指人们在日常生活中，由个人情趣、爱好和价值取向等决定的活动形式和行为特征。健康的生活方式是一个人身心健康的重要保障。一般来说，生活方式健康的人往往心理健康状况较好，反之则心理健康状况欠佳。对学生而言，健康的生活方式主要包括：一是作息合理，二是膳食平衡，三是用脑科学，四是运动适度，五是拒绝烟酒。

（五）寻求专业心理咨询

不少学生在产生心理问题后习惯于自我调适，这是好的。但当心理压力很大、内心冲突激烈时，自我调适有可能难以奏效。此时就应积极取得家庭、学校和社会的支持，争取亲朋好友的帮助，尤其是应及时、主动寻求心理咨询机构的帮助。

现代社会比以往任何社会都需要健康、优良的心理素质。维护和增进学生心理健康，首先是大学生自身的事情，只有通过大学生的积极参与和不断努力，才能实现其心理健康与充分发展。

心理健康教育的口号：人人参与心理健康，最终人人达到心理健康。

参考文献

[1] 王德刚. 基础教育学生体质健康检测与促进 [M]. 北京：北京体育大学出版社, 2018.

[2] 彭玉林. 大学生运动与健康促进 [M]. 北京：中国经济出版社, 2017.

[3] 刘敏. 大学生体质健康与科学锻炼 [M]. 上海：同济大学出版社, 2017.

[4] 罗奇. 大学生体质健康管理 [M]. 北京：知识产权出版社, 2016.

[5] 周皎. 大学生体质健康成因与健康促进 [M]. 北京：中国纺织出版社, 2016.

[6] 刘一平. 当代大学生体质健康与促进 [M]. 北京：科学出版社, 2015.

[7] 彭莉, 毛永明. 运动干预学生体质健康的理论与实践 [M]. 重庆：西南师范大学出版社, 2017.

[8] 王俪燕, 吴恒晔, 徐建国. 大学生体质健康管理与健康促进指南 [M]. 上海：同济大学出版社, 2019.

[9] 李广宁, 段连丽, 李会明. 大学生体质健康管理与促进研究 [M]. 北京：光明日报出版社, 2016.

[10] 刘曼冬. 大学生体质健康测试指导手册 [M]. 上海：上海交通大学出版社, 2017.

[11] 皮葳. 高校学生体质健康实用学习指导 [M]. 武汉：中国地质大学出版社, 2016.

[12] 朱卫雄, 郭晶, 吴立新, 等. 大学生体质与健康 [M]. 武汉：武汉大学出版社, 2015.

[13] 王磊磊. 大学生体质健康发展与干预策略研究 [M]. 延吉：延边大学出版社, 2017.

[14] 易钦仁, 谢彬, 余毅震. 学生体质健康状况调查与研究2014年湖北省学生体质健康状况调查研究报告 [M]. 武汉：湖北科学技术出版社, 2017.

[15] 章建成, 任杰, 舒盛芳. 青少年体质健康教育干预方案 [M]. 上海：复旦大学出版社, 2013.

[16] 杨瑞鹏. 行为学理论干预下的大学生体育锻炼行为与体质健康促进研究

[M].长春:吉林人民出版社,2017.

[17] 朱冀,马磊,杨帆.大学生体质健康促进研究[M].北京:人民体育出版社,2018.

[18] 胡亮.青少年体质健康促进政策研究[M].杭州:浙江大学出版社,2019.

[19] 李恩琦.青少年体质与健康促进[M].北京:现代出版社,2017.

[20] 时明.国民体质与健康促进的行为研究[M].长春:东北师范大学出版社,2018.

[21] 耿红霞.体育运动干预与体质健康促进研究[M].成都:电子科技大学出版社,2017.

[22] 新背景下大学生体质健康促进理论与方法研究[M].长春:东北师范大学出版社,2019.

[23]《国家学生体质健康标准解读》编委会.国家学生体质健康标准解读[M].北京:人民体育出版社,2007.

[24] 国务院办公厅.国务院办公厅关于强化学校体育促进学生身心健康全面发展的意见(国办发〔2016〕27号)[Z/OL].(2016-0S-06).http://www.gov.cn/zhengce/content/2016-05/06/content5070778.htm.

[25] 中共中央 国务院."健康中国2030"规划纲要[Z/OL].(2016-12-30).http://www.mohrss.gov.cn/SYrlzyhshbzb/zwgk/ghow/gh/201612/t20161230263500.htm1.

[26] 李林林.学生体质健康促进政策的实施状况与改进策略研究[D].南京:南京师范大学,2014,3.

[27] 钟亚平,蒋立兵.多学科视域下青少年体质健康促进的困境与突破[J].体育学刊,2018,25(3):38-43.

[28] 中共中央 国务院关于加强青少年体育增强青少年体质的意见[Z/OL].(2007-05-24).http://www.gov.cn/jrzg/2007_05/24/content_625025.htm.

[29] 教育部.2018年国家义务教育质量监测数学、体育与健康监测结果报告[Z/OL].(2019-11-20).http://www.moe.gov.cn/jyb_xwfb/gzdt_gzdt/s5987/201911/t20191120_409046.htm1.

[30] 陈曦.处方教学对学生体质健康干预的对比实证研究[D].石家庄:河北师范大学,2015,11.

[31] 李小莉. 运动处方干预大学生体质健康指标的实验研究 [J]. 河南师范大学学报：自然科学版, 2015, 43 (3)：178-182.

[32] 杨雪锋. 功能训练视角下幼儿体能干预内容重构与实证研究 [D]. 开封：河南大学, 2018, 6.

[33] 于素梅. 一体化体育课程的旨趣与建构 [J]. 教育研究, 2019 (12)：51-58.

[34] 张强峰, 孙洪涛, 颜亮. 核心素养视阈下《国家学生体质健康标准》的问题及发展策略 [J]. 武汉体育学院学报, 2017, 51 (8)：68-73.

[35] 刘静民, 邢钰, 郭惠珍.《国家学生体质健康标准》大学生评价体系合理性的研究 [J]. 体育文化导刊, 2012 (3)：102-104, 120.

[36] 戴霞, 朱琳, 谢红光.《国家学生体质健康标准》评价效能的反思与优化——大学生体质健康预警机制的构建 [J]. 中国体育科技, 2012 (3)：75-82.

[37] 聂涛, 李秋良. 高校新生体质健康现状调查分析与发展对策 [J]. 广州体育学院学报, 2016. 36 (5)：5-9, 17.

[38] 郭中恺. 学生体质健康调研中的两特征分层抽样方法 [J]. 北京体育大学学报, 2010, 33 (7)：59-60.

[39] 林天皇. 影响《国家学生体质健康标准》实施的因素研究 [J]. 体育文化导刊, 2015 (8)：141-144.

[37] 张强峰, 汤长发, 颜亮. 基于习近平扶贫思想的我国学生体质健康促进策略研究 [J]. 武汉体育学院学报, 2018, 52 (9)：5-10.

[40] 王献英. "测、研、练"三位一体体质健康促进策略 [J]. 体育学刊, 2017, 24 (4)：102-105.

[41] 张朋, 阿英嘎. 青少年体质健康监测的实务与反思 [J]. 广州体育学院学报, 2016, 36 (1)：19-22.

[42] 李林林, 史曙生, 刘东升. 新加坡学生体质健康促进研究 [J]. 体育文化导刊, 2014 (5)：149-152.

[43] 刘星亮, 孟思进. 运动干预对增强青少年体质与健康的效果 [J]. 广州体育学院学报, 2016, 36 (1)：19-22.

[44] 周建东, 于涛. 体育中考制度改革对学校体育的影响考量—以"青岛模式"为例 [J]. 成都体育学院学报, 2017, 43 (2)：107-112.

[45] 刘阳,何劲鹏. 学校强制体育合理推进的现实因由与实践价值[J]. 沈阳体育学院学报, 2018, 34 (6): 125-128.

[46] 国务院办公厅. 国务院办公厅关于强化学校体育促进学生身心健康全面发展的意见[EB/OL]. (2016-05-06) [2018-10-12]. http://www.gov.cn/zliengce/content/2016-05/06/content507077R.htm.

[47] 刘冬笑,金育强. 我国青少年体质下降的社会因素辨析[J]. 沈阳体育学院学报, 2018, 37 (2): 68-72.

[48] 孙洪涛,颜亮. 家校合作:学生体质健康促进的实然与应然[J]. 体育学刊, 2018, 25 (6): 1-5.

[49] 张业安. 青少年体质健康促进的媒介责任:概念、目标及机制[J]. 体育科学, 2018, 38 (6): 14-26.

[50] 杜建军,张瑞林."整体政府"理论视域下的青少年体质健康公共服务治理路径构建[J]. 沈阳体育学院学报, 2016, 35 (5): 1-6.

[51] 李冲,史曙生. 我国青少年体质健康促进政策评估现存问题及改进思路[J]. 体育学刊, 2018, 25 (4): 68-72.

[52] 刘静民,刘波. 全方位大学体育教育的实践——清华大学经验介绍[J]. 体育学刊, 2017, 24 (4): 68-71.

[53] 覃刚,王健. 近百年来中国学校体育教育的人文缺失及其思考[J]. 华中师范大学学报:人文社会科学版, 2014, 53 (4): 162-170.

[54] 郭海霞,潘凌云. 美国身体活动政策:嬗变、特征及启示——基于政策文本的分析[J]. 北京体育大学学报, 2016, 39 (8): 8-14.